KB169979

어느 과로사

어느 과로사

—

다카하시 마쓰리의 죽음

다카하시 유키미·가와히토 히로시 지음

다나카 신이치·노미애·최효옥 옮김

건강
미디어
협동조합

KAROSHI ZERO NO SHAKAIO by Yukimi Takahashi/Hiroshi Kawahito
Copyright © Y.Takahashi & H.Kawahito
All rights reserved.
Original Japanese edition published by RENGO SHUPPAN Inc.

Korean translation copyright © 2018 by Health Media Coop
This Korean edition was published by arrangement with RENGO SHUPPAN Inc., Tokyo,
through HonnoKizuna, Inc., Tokyo, and Korea Copyright Center

어느 과로사
다카하시 마쓰리의 죽음

초판 1쇄 발행 2018년 12월 1일
지은이 다카하시 유키미, 가와히토 히로시   펴낸이 백재중   만든이 조원경   꾸민이 박재원
펴낸곳 건강미디어협동조합   등록 2014년 3월 7일 제2014-23호
주소 서울시 중랑구 사가정로 49길 53   전화 010-4749-4511   팩스 02-6974-1026
전자우편 healthmediacoop@gmail.com
값 13,000원
ISBN 979-11-87387-09-1 03330

북펀딩에 참여해 주신 분들께 감사드립니다.

田中眞一(다나카 신이치) 김성아 김신애 김윤수 김종필
남명희 민앵 박재석 박혜경 백재중 송현석 신영전 심재식
정선화 조계성 조원경 한국의료복지사회적협동조합연합회

지은이

• • •

● **다카하시 유키미** 高橋幸美

1963년 히로시마현 출생.
덴쓰 광고 회사에 입사 후 과로로 자살한 다카하시 마쓰리의 어머니

● **가와히토 히로시** 川人博

1949년 오사카부 출생
가와히토 법률사무소 소장, 변호사(도쿄변호사회)
1998년부터 과로사 상담전화, '과로사 110번'에 참여
현재 과로사 변호단 전국연락회의 간사장
후생노동성 과로사 등 방지대책추진협의회 위원
과로사 등 방지대책추진전국센터 공동대표 간사
도쿄 변호사회 인권위원회 국제인권 부회장

저서『과로자살』(1998년 초판, 2014년 개정판)
『과로사 없는 사회』(2017년 공저)
『과로사, 과로 자살 산재 인정 매뉴얼 Q&A로 알아보는 보상과 예방』(2012년 공저)

옮긴이

• • •

● **다나카 신이치** 田中眞一

메이지대학明治大学 문학부 사학지리학과 졸업
아이치대학愛知大学 법경학부法経学部 법학과 졸업
아이치 현립 고등학교에서 30년간 사회과(일본 역사, 지리 등) 교사로 근무
일한교육실천연구회日韓教育実践研究会 회원
2009년 경희대학교 국제교육원에서 한국어 연수 과정 수료
2010년부터 한국방송통신대학교 일본어번역연구회 회원들과 한국어, 일본어 연구
역저『일본 병원사』『과로자살』(출판 예정)

● **노미애**

한국방송대학교 일본어번역연구회 회원들과 번역 활동을 하고 있다. 역저『일본 도
자기의 신, 사기장 이삼평』,『저출산 무엇이 문제인가』,『인구감소와 지방소멸』,『과
로자살』(출판 예정)

● **최효옥**

일본학과 한국어교육을 전공하고 일본어번역회에서 10년째 활동 중. 13년째 한국어
를 가르치고 있음

과로사 공화국 예방을 위한 필독서

강 수 돌

고려대 교수

나루시마 이즈루 감독2017의 「잠깐만 회사 좀 관두고 올게」라는 영화가 있다. 광고회사 직원 다카시는 억압적인 상사와 연속적인 야근 등으로 심신이 소진된다. 차라리 자살이 낫겠다 생각하고 지하철에서 몸을 던지려던 순간 초등 동창 야마모토에 의해 구출된다. 알고 보니 그는 이미 몇 해 전 과로자살을 했던 이로, 또 다른 희생자를 구하기 위해 나타난 혼령이었다. 이렇게 오늘날 일본은 과로사와 과로자살의 원조국이 되었다. 한국도 예외가 아니다. 공식 노동시간OECD, 2017년만 보면 일본은 연 1,710시간, 한국은 그보다 314시간이나 긴 2,024시간이다. 이제 일본의 과로사자살 문제는 한국인에게도 '남의 일'이 아니다. 일본의 현장 사례로부터 진지하게 배워야 하는 까닭이다.

이 『과로사 없는 사회』(원제)를 펴낸 저자들 모두 독특하다. 오래 전부터 일본에서 『과로사 사회와 일본』『과로자살』 등 저술은 물론 과로사 산재 인정을 위해 법정 투쟁을 해온 가와히토 히로시 변호사가 한 사람이다. 또, 과로자살로 사랑하는 딸을 잃은 다카하시 유키미 씨가 또 다른 한 사람이다. 이 책의 주된 내용은 다카하시 마쓰리의 삶과 죽음을 통해, 행복하게 살기 위해 일하러 갔던 청춘이 어찌해서 스스로 죽을 수밖에 없었는지 소상히 살피고 더 이상 이런 일이 재발하지 않도록 온 세상을 향해 관심을 촉구하는 것이다.

다카하시 마쓰리라는 활달한 소녀가 있었다. 1991년생이었다. 동화 작가나 기자의 꿈을 꾸기도 했다. 학교와 학원을 넘나들며 열심히 공부한 끝에 동경대에 입학했다. 1년 간 중국 유학도 다녀왔다. 졸업 직후인 2015년 4월, 일본 최대의 광고 회사 덴쓰에 입사했다.

"연봉이 높긴 하지만 격무에 시달린다."는 평판에 엄마도 걱정했지만 마쓰리는 "우리의 야근이 도쿄의 야경을 만든다."며 뿌듯해하거나 "선배도 멀쩡하게 잘 다니니 난 괜찮아."라며 안심시켰다. 입사 원서에도 "역경에 강한 편"이라든지 "강한 신념과 노력으로 난관을 헤쳐 나간다."고 자기를 소개했다.

그러나 입사 6개월도 안 된 2015년 여름, 마쓰리는 엄마와 짧은 휴가를 보내면서 "일이 힘들어. 지금은 수습이라 막차라도 타고 집에 가지만, 10월에 정직원이 되면 연장근로 제한도 없이 일할 게 두려워."라고 말했다. 그 뒤 10월 18일에 열린 '덴쓰 디즈니 패밀리 데이'에 회사를 찾아간 엄마에게 마쓰리는 "회사 일이 고달파. 잠을 못 자는 게 고통이야. 이 정도로 힘들지 생각 못 했어. 그만두든지 휴직하든지 내가 알아서 할 테니 엄마는 가만 있어."라고 했다.

마침내 마쓰리는 2015년 12월 25일 크리스마스에 자살로 삶을 마감하고 말았다. 만 24세였다. 경찰의 전화로 딸의 죽음을 들은 엄마는 "머릿속이 새하얘졌다." 경찰서로 황급히 달려가면서도 "영원히 도착하지 않으면 좋겠다."고 생각했다. 한 사람의 죽음은 한 우주의 죽음이었다.

흥미롭게도, 마쓰리의 동료와 선배들은 죽은 마쓰리가 매우 우수했다며 위로했다.

"과제 경합 아이디어도 전부 마쓰리의 아이디어였어요."
"모든 부서에서 마쓰리를 데려가고 싶어 했어요."
"업무를 빨리 익혔어요. 광고주 단독 면담도 다른 사람보다 빨랐어요."

이런 이야기에 마쓰리의 사랑하는 엄마 다카하시 유키미 씨는

"마쓰리가 한눈 팔지 않고 온 힘을 다해 일을 해냈구나." 하며 내심 자랑스러워졌다. 그러면서도 "일본 사회와 덴쓰 때문에 마쓰리가 생명을 잃은 것은 절대 용서할 수 없다." "경제성장을 위해 생명을 희생하는 시스템은 반드시 바꿔야 한다."고 강조한다. 가와히토 히로시 변호사는 이를 위해 기업들이 실천해야 할 '10가지 개혁안'까지 이 책에서 제시한다.

이 책에는 다카하시 마쓰리 외에도 2020년 동경올림픽을 위해 신국립경기장 공사 현장에서 일하던 23세 청년 야마카와의 과로자살 사례도 나온다. 또, 편의점 물품 배송을 위해 운전을 하던 42세 오사다의 과로사나 심지어 의사, 교사, 기자 등 전문직의 과로사과로자살 사례까지 소개된다.

이 모든 사례가 공통으로 보여주는 과로사과로자살의 전형적인 패턴 내지 메커니즘은 다음과 같이 요약된다.

(1) 장시간 노동, 초과 노동, 심야 노동, 주말 노동 등의 지속
(2) 당사자 심신의 만성 피로
(3) 당사자의 호소에도 불구하고 회사 측이나 노조, 동료 등 주변의 무시
(4) 당사자의 우울증, 불면증, 무력감 등 발병

(5) 회사의 무관심, 상사의 무시와 비난 등 압박의 가중

(6) 과로사 또는 과로자살의 재발

(7) 회사 측의 형식적 사과와 재발 방지 약속 등으로 여론 무마

(8) 노동 당국과 사법 당국의 형식적 처벌과 사실상 묵인

(9) 재발 방지 미명 아래 은폐 및 '꼼수' 전략 개발과 장시간 노동의 영구 지속

이런 패턴 내지 메커니즘을 미리 잘 인지하고 노동자, 기업, 정부, 노조, 가족, 시민사회 등이 더 이상의 불행을 막기 위해 총체적인 노력을 한다면 일본이나 한국은 '과로사 공화국'의 길에서 벗어날 수 있을 것이다. 물론, 참된 대안은 노동 속에서만 삶의 의미를 찾고 노동이 유일한 생계 원천이 되어버린 패러다임 자체를 넘어가야 가능할 것이다.

이런 점에서 이 책은 '일하기 위해 사는 것이 아니라 살기 위해 일한다.'고 믿는 모든 이들이 꼼꼼히 읽고 토론해야 할 기본 필독서다.

마쓰리가 남겨놓은 마지막 문자 메시지

신 영 전

한양의대/보건대학원 교수, 예방의학 전문의,
국가생명윤리위원회 위원, 법무부 인권정책자문단 위원

이 책은 특별한 책이다. 분량은 적지만 내용은 묵직하고, 슬프지만 아름답다. 절망적이면서도 희망적이다. 무엇보다, 24살 꽃다운 나이에 너무 일찍 운명을 달리했지만 아주 오래 우리 마음 속에 살아있을 한 여인에 대한 이야기이다.

일본을 대표하는 세계적인 광고회사 '덴쓰'의 화려한 네온사인 광고판 뒤에는 일주일 동안 10시간도 못 자면서도 밤늦게까지 회사에 남아 '상사에게 꽃다발 증정 방법'까지 연습해야 했던, 그리고 예전에도 상사의 구두에 맥주를 부어 마실 것을 강요당했던 슬픈 청년들이 있었다. 묻힐 뻔했던 이 사건이 세상에 알려지자, 완강히 부인하던 가해자들은 어쩔 수 없이 몇 차례나 머리를 조아렸다. 하지만 그들이 진정으로 반성했으리라 믿는 사람은 이 세상에 아무도 없는 것 같다.

더욱 슬픈 것은 너무 일찍 세상을 떠나는 청춘이 마쓰리로 끝날 것 같지 않다는 사실이다. 그녀는 도처에 있다. 산재사망률 세계 1위를 오랫동안 지키고 있는 한국 사회에도 너무 많은 마쓰리가 있다. 우리는 삼성 반도체 공장에서 죽어간 79명 마쓰리도 알고 분노와 고통에 스스로 운명을 달리한 30명의 쌍용자동차 노동자 마쓰리도 안다. 혹자는 이들이 어떻게 같으냐고 물을 수 있다. 하지만 예방의학 전문가인 나는 '강요된 장시간의 노동', '이해할 수 없는 해고', '작업실에서 뿜어져 나오던 발암 물질'이 어떻게 다른지 설명하기 어렵다.

도처에 마쓰리가 있다면, 세계 도처에 '덴쓰'가 있다. 그들이 보이는 모습은 삼성, 쌍용자동차 등 탐욕적인 기업들이 보이는 모습과 매우 닮아 있다. 그 누구는 "노동자에게 조국이 없다"고 했다지만, 그 말은 "자본가에게는 조국은 없다"라는 말로 수정되어야 한다. 오늘날 자본은 세계 어디에서나 같은 몰골이다. 게다가 이들의 폭력은 더욱 교묘해져 간다. 과거에는 무자비한 노동환경과 폭력이 만연했다면, 요즘은 가해자들이 '과로 사회' 뒤로 교묘히 숨고 있다.

누구는 작금의 자본주의 사회를 '자기 착취 사회'라 부른다. 오늘날의 자본주의는 '내가 가난한 이유는, 내가 오늘 연장근무를 해야

하는 이유는 내가 부족하기 때문'이라고 스스로를 자책하게 만든
다. 그래서 직장에서 힘든 노동을 마치고도 졸린 눈을 비비며 대학
원으로, 영어 학원으로 발길을 옮긴다. 파김치가 되어 집으로 돌아
가는 길에 '내일은 1시간 더 일찍 출근해서 더 열심히 일해야지'라
고 다짐하기까지 한다. 하지만 우리는 알아야 한다. 오늘 내가 과로
하고 피곤한 것은 나 때문이 아니다. 또한 내 간 기능이 떨어져서는
더더욱 아니다.

　고개를 들어 세상을 돌아보면 이 세상은 엄청난 권력을 가진 대
자본과 정치 권력자들과의 담합, 전문가들의 기회주의와 변절, 대
중들의 무기력과 무관심으로 가득 차 있는 것 같다. 아주 작은 희망
조차 보이지 않는다. "그래 이제 더이상 이 세상에 희망을 품지 말
고 이만 끝내자"고 마쓰리가 올랐던 계단을 오르려는 순간 갑자기
"땡"하고 문자 메시지 하나가 온다.

　마쓰리가 휴대폰으로 보낸 메시다. 직장 선배가 알려준 문자다.

　　"증거를 잡아 놓아야 된다고 생각해. 플랩 게이트를 통과한 시간은 움
　직일 수 없는 증거야."

그녀가 남겨놓은 이 문자 메시지가 없었다면, "그만 포기하라"는 수 많은 회유와 모욕을 끝까지 견뎌낸 마쓰리의 어머니 다카하시 유키미 여사의 용기가 없었다면, 풍요로운 삶을 포기하고 늘 억울한 노동자의 편에 섰던 법률가 가와히토 히로시의 의로운 분투가 없었다면, '덴쓰'의 열악한 노동 조건과 기만에 공분해 재판장과 SNS를 가득 메운 시민들이 없었다면, 마쓰리의 원혼은 지금 이 시간에도 구천을 떠돌아다니고 있었을 것이다. 그리고 제2, 제3의 마쓰리는 오늘도 '덴쓰' 빌딩 옥상으로 가는 계단을 올랐을 것이다.

이것이 내가 이 책을 '마쓰리의 슬픈 이야기'라고만 할 수 없는 이유이다. 이 책은 마쓰리의 어머니 다카하시 유키미와 노동자의 벗 가와히토 히로시 변호사 그리고 이들과 연대했던 사람들의 열정, 헌신 그리고 무엇보다 승리의 이야기도 담고 있다.

마쓰리가 떠난 지 어언 몇 년이 흘렀다. 우리 사회는 좋아지고 있을까? '과로사 없는 사회'는 가능할까? 노동이 착취가 아니라 자신과 타인의 삶을 풍성하게 하는 그런 '다른 세상'은 정말 가능할까? 여전히 세상에는 희망보다 절망이 더 넘쳐나는 듯하다. 아마 다키하시 마쓰리, 다카하시 유키미, 가와히토 히로시도 수없이 절망했을 것이다. 하지만 분명한 것은 그들은 그 질식할 것 같은 비관들 속에서도 포기하지 않았고 그것은 많은 것을 바꾸어 놓았다.

그러니 더 이상의 마쓰리가 없는 세상을 꿈꾸는 이들이 해야 할 일은 분명하다. 우리 모두가 마지막 순간에도 한 자 한 자 꾹꾹 눌러 문자 메시지를 보낸 마쓰리의 손가락을 가지는 일이다. 우리 모두가 다카하시 유키미, 가와히토 히로시가 되는 일이다. 그것밖에는 방법이 없다. 마쓰리도 그렇게 생각할 거라 믿는다. 그녀의 명복을 빈다.

차례

추천사 **과로사 공화국 예방을 위한 필독서** _ 강수돌 ·· 8

추천사 **마쓰리가 남겨놓은 마지막 문자 메시지** _ 신영전 ·· 13

옮긴이 서문 **인간답게 살아가는 세상을 꿈꾸며** _ 다나카 신이치 ·· 20

한국어판 서문 **일본, 한국, 전 세계의 주제인 과로사** _ 가와히토 히로시 ·· 22

들어가며 **과로사 없는 사회를 위해** _ 가와히토 히로시 ·· 24

1장 다카하시 마쓰리는 왜 죽었을까 _ 가와히토 히로시 ·· 27

2장 마쓰리와 나의 24년 _ 다카하시 유키미 ·· 69

3장 덴쓰에 제언하는 개혁안 10가지 _ 가와히토 히로시 ·· 107

4장 과로사 없는 사회를 _ 가와히토 히로시 ·· 137

글을 마치며 _ 다카하시 유키미, 가와히토 히로시 ·· 162

권말 자료 - 다카하시 마쓰리 씨의 연보 ·· 164

수기 _ 다카하시 유키미 ·· 165

신입생 선서, 영문 콘테스트 수상작 _ 다카하시 마쓰리 ·· 168

덴쓰와의 합의서 (제1~제5의 전문) ·· 172

보론 **한국의 과로사와 과로사 추방 운동** _ 임상혁 ·· 178

인간답게 살아가는 세상을 꿈꾸며

다나카 신이치

옮긴이들을 대표하여

    2018년 6월 29일, 일본의 국회에서 '일하는 방식 개혁' 관련법이
많은 야당의 반대에도 불구하고 여당과 일부 야당의 찬성으로 가
결, 성립되었다. 이 법안은 현재 상태의 장시간 노동을 용인, 합법화
하는 것이라고 과로사 유족들은 비판한다. 국회 방청석에서는 영정
사진을 든 유족들이 지켜보고 있었는데, 의원들 중에는 스마트폰을
만지작거리거나 멋대로 회의장을 드나드는 등, 진지하게 심의하지
않는 사람도 있어 유족들은 분노까지 느꼈다.

    그 중에 다카하시 유키미 씨도 있었다. 마쓰리 씨의 영정 사진을
보며 '이것이 너를 궁지에 몰아넣은 일본의 현실이야'라고 말하며.

    유감스럽게도 일본의 상황은 이처럼, 일하는 사람들에게 점점 냉
엄해지고 있다 하겠다. 한국과 일본은 '가깝고도 먼 나라'라는 말이

있듯이, 다른 점도 있지만 경제 구조 등 비슷한 점도 적지 않다. 노동 환경도 장시간 노동을 비롯해 닮은 부분이 많다. 거대 기업 '덴쓰'와의 싸움이라고도 할 수 있는 이 책이 '과로사 없는 사회'를 만들기 위해 기여할 것이라고 믿는다.

한국도 일본도 인간답게 살아가는 세상이 되기를 바란다.

이번 번역은 한국방송통신대학교 일본어번역연구회의 회원 두 명과 함께 진행했다. 두 사람 덕에 자연스런 한국어 표현이 가능했다. 감사의 마음을 전한다.

일본, 한국, 전 세계의 주제인 과로사

가와히토 히로시

　　1988년 일본의 변호사, 의사, 직업병 전문가들이 협력해 '과로사 110번'이라는 전국적인 상담 창구를 설치하고 과로사 유족의 상담에 응하는 활동을 시작했다. 그로부터 30년이 흘렀지만 과로사는 지금도 끊임없이 일어나고 있어 일본 사회가 해결해야 할 커다란 과제이다. 또한 과로사는 일본만의 문제가 아니다. 글로벌 경제 체제인 세계 각지에서 같은 피해가 발생하고 있다. 그러한 의미에서 과로사는 세계 공통의 주제가 되고 있다. 특히 한국과 중국은 점점 심각해지고 있다.

　　나는 일본 학생들을 데리고 한국 학생들과 교류, 토론을 정기적으로 실시하고 있는데, 한일 학생의 노동문제 보고를 통해 두 나라의 비슷한 점을 알았다. 한국에서는, 특히 1997년 'IMF 외환위기' 이후 노동환경 악화로 노동자의 생명과 건강을 해치는 사례가 늘고 있다는 소식을 들었다. 일본에서도 그 무렵의 금융기관 파탄과 경제 불황 등으로 인해 노동자의 과로자살과로사의 일종이 1998년 이후 급증했다. 경찰청 통계에 따르면 현재도 업무가 원인과 동기가 되어 자살하는 사람이 연간 2,000명가량 된다.

이 책은 2015년 12월에 사망한 다카하시 마쓰리高橋まつり 씨의 사건을 상세하게 보고하여 일본 사회에 경종을 울리겠다는 생각으로 쓴 것이다. 한국어판 출간이 반갑고 감사하다. 한국에서도 과로사를 방지하고 유족을 지원하는 노력이 확산되기를 기대한다.

과로사 없는 사회를 위해

가와히토 히로시

다카하시 마쓰리高橋まつり 씨가 세상을 떠난 지 곧 만 2년이 되려고 합니다. 마쓰리 씨는 눈앞에 후지산이 보이는 높지막한 묘지에 지금 고요히 잠들어 있습니다.

겨우 스물네 살로 생을 마감한 그녀의 죽음을 애도하며, 또 다시 이런 일이 일어나면 안 된다는 결의를 담아 이 책을 출판합니다.

마쓰리 씨의 어머니인 다카하시 유키미 씨와 유키미 씨의 대리인을 맡고 있는 제가 여러 곳에서 발언해 온 것을 한데 모으고, 또 새로이 알게 된 것과 우리 사회를 향해 꼭 호소하고 싶은 것을 추가해 한 권의 책으로 엮었습니다.

마쓰리 씨를 그리워하며 생전의 사진도 많이 실었습니다.
많은 분들이 읽어 주시기를 기대합니다.

2017년 가을

태국에서 트레킹(2014년 1월)

1
장

다카하시 마쓰리는
왜 죽었을까

어느 과로사

유족과의 첫 면담

2016년 2월, 어떤 사람에게서 "덴쓰의 여성 사원이 사망했는데 유족분과 상담해 줄 수 있겠습니까?" 하고 전화가 왔다. 그래서 분쿄구文京區에 있는 내 사무실에서 다카하시 유키미 씨와 처음으로 면담을 하고 장녀인 다카하시 마쓰리 씨가 전년 12월 25일 크리스마스 날에 자살했다는 것을 알았다.

내가 덴쓰 사원의 유족과 직접 면담한 것은 이것이 네 번째였다. 첫 번째는 내가 최고재판소最高裁判所[1] 상고 소송 대리인을 맡은 오시마 이치로大嶋一郎 씨의 부모님이다. 이 사건은 2000년 3월 24일에 최고재판소가 회사의 책임을 전면적으로 인정한 판결로 널리 알려져 있다.

최고재판소 판결로 반성하고 재발 방지를 약속했는데······

2000년 6월 23일, 최고재판소 판결 후의 파기 환송심도쿄 고등재판소에서 회사와 유족 사이에 소송상의 화해가 성립했다. 회사는 유족에게 사죄하고 배상금 전액을 지불함과 동시에 '이번 사건을 깊이 반성하고, 앞으로 철저한 노무관리와 한층 더 충실하게 건강관리를 진행하여 이처럼 불행한 일이 다시는 일어나지 않도록 노력하

---

1. 한국의 대법원에 해당.(옮긴이가 붙인 주석으로, 이후 각주도 동일.)

겠습니다.' 하고 약속했다.

그러나 이 화해 성립 후에도 나는 과로사 의심이 농후한 덴쓰 사원 두 명의 사례로 각각의 유족과 면담하고 상담을 한 일이 있었다.

---

2. 한국의 고등법원에 해당.

또 이밖에도 덴쓰의 직무 환경이 바뀌지 않았고 변함없이 과중한 노동이 계속되고 있다는 정보가 여러 통로로 내 귀에 들려왔다.

따라서 다카하시 유키미 씨와 면담하면서 덴쓰에서 또다시 사망 사건이 발생한 것을 알고 마음이 무거웠다. 그와 동시에 그 전까지는 모두 남성 사원이 사망한 사건을 상담했기 때문에, 신규 졸업자로 채용 1년 차인 여성 사원까지가 희생된 것에 강한 충격을 받았다.

상담할 때 마쓰리 씨의 스마트폰에 남아 있는 여러 가지 비통한 호소를 보고 가슴이 꽉 막혔다. 그리고 마쓰리 씨의 죽음이 과로사이고 업무상의 사망노재[3]이 틀림없는 사실이라고 생각했다.

노동시간을 유족에게 은폐하려고 한 회사

그런데도 마쓰리 씨가 사망한 직후부터 2016년 2월 중순경까지 회사는 마쓰리 씨의 장시간 노동을 부정하고 회사의 잘못을 인정하지 않는 대응을 보였었다.

즉 마쓰리 씨의 상사와 노무 관계 담당자는 유족의 집을 방문했을 때 '마쓰리 씨의 연장 근로시간은 노사 협정36협정의 상한선인 월 70시간 미만'이라는 의견을 제시하며 회사 측의 노무관리에 문제가

---

3. 노동재해의 줄임말. 한국에서는 산업재해를 줄여서 산재라고 한다. 이 책에서는 노재를 모두 산재로 번역하였다.

0.0	0.0	0.0	0.0
0.0	0.0	0.0	0.0
所定時間外・休日勤務計			69.9
0.0	0.0	0.0	0.0
3.5	0.0	0.0	0.0
所定時間外・休日勤務計			69.5
0.0	0.0	0.0	0.0
1.0	0.0	0.0	0.0
所定時間外・休日勤務計			69.8

[사진 1] 마쓰리 씨 본인이 신고한 기록

없었다고 했다.[사진 1]

덴쓰 노사 간의 36협정노동기준법 제36조에 의거하여 회사와 노동조합이 맺은 시간외근로에 관한 협정에는, 마쓰리 씨와 같은 직종의 경우, 월 시간외근로는 소정의 노동시간1일 7시간을 초과하는 상한선이 70시간매우 바쁨' 등의 특별 조항에 의해 회사가 90시간까지 연장 가능이라고 되어 있었다. 그래서 회사가 당초 유족에게 제시한 자료에 의하면 시간외근로가 10월동월 1일~말일은 69.9시간, 11월은 69.5시간, 12월은 24일까지로 69.8시간이었다.12월에 관해서는 회사가 특별 조항에 의해 상한선을 연장했었다.

시간외근로 시간이 모두 다 70시간 미만으로 되어 있는 것은 36협정의 상한선에 이르지 않도록 상사부장가 지시했기 때문이고, 이것은 마쓰리 씨의 스마트폰 기록 등에 드러나 있다. 나는 다카하시 유키미 씨에게서 이 과정을 듣고 덴쓰가 또다시 사실을 은폐하려고

[사진 2] 덴쓰 플랩 게이트(NHK 보도)

한다는 것을 감지했다.

왜냐하면 회사가 유족에게 플랩 게이트라고 불리는 출입문의 통과 기록을 보여 주지 않고, 다만 마쓰리 씨 본인이 신고한 '근무 상황 보고서'의 출퇴근 기록 숫자에 의거해서 답했기 때문이다. 일본의 직장에서 본인 신고에 의한 노동시간 기록은 많은 경우 부정확하고 실태를 반영하지 않고 있다. 그 이유는 대부분 연장 근로의 임금 지불 부담을 적게 할 것, 36협정 위반이 되지 않도록 할 것 등, 회사의 지시에 의한 것으로 회사 노무 정책의 고질적 관행이다. 덴쓰도 마찬가지이고 그 심각성이 최고재판소에 의해서 심판을 받았다.

덴쓰는 2002년에 쓰키지築地에서 시오도메汐留로 본사를 이전했다. 그때 안전관리와 노무관리의 기능을 가진 플랩 게이트[사진 2]를 설치하여 사원의 출입 시각을 모두 관리할 수 있는 시스템을 만

"여기가 이 회사의 출입구입니다. 안으로 들어가기 위해 사원들은 이런 사원증이 필요합니다. 저는 이번에 특별히 제작해서 받았습니다. 그래서 이 사원증을 이 부근에 대면 이렇게 게이트가 열립니다. 의심스러운 사람의 출입을 막아서 보안을 강화하기 위해 반년 전에 도입했습니다.

그러나 그것뿐만이 아닙니다. 이 게이트가 심야 연장근로를 줄이는데 도움이 되고 있습니다. 사원들은 이 게이트를 지나가야 하고 누가 언제 이 게이트를 통과했는지 정확하게 기록됩니다. 심야 0시 이후에 여기를 통과한 사람은 보고와 체크의 대상이 됩니다.

예를 들어, 제가 새벽 한 시 반까지 일하다가 이 게이트를 통해서 귀가했다면, 다음날 아침 제 상사에게 이런 서류가 도착합니다. 심야부터 다음날에 걸쳐서 아래와 같이 '당신의 부하가 회사를 나갔다'는 내용으로, 그 부하의 이름과 회사를 나간 시각 등이 기록되어 있습니다. 따라서 상사는 부하에게 왜 그렇게 늦게까지 일을 했는지, 일할 필요가 있었는지를 확인해야 합니다. 그러면 부하는 그 건에 대해 상사에게 보고해야 되는 겁니다.

심야에 연장근로를 하는 사람이 있으면, 이 작업을 반복해서 매번 시행합니다. 이렇게 함으로써 사원도 상사도 부하도 자연히 일의 양과 그 진행 방법에 전보다 더 주의를 기울이게 되었습니다. 이 장치를 도입한 지 반년, 심야 0시 이후까지 일하는 사람의 수는 20퍼센트 줄었습니다.

나아가 이 장치를 사원들의 건강관리에도 활용하려고 합니다. 퇴관 시각 데이터가 회사의 건강관리실에 보내집니다. 그 데이터가 자주 보내지는 사람에게는 자동으로 '종합 정밀 건강진단'을 받으라는 등의 권고가 내려집니다.

이 회사에서는 이 장치의 도입이 일에 대한 사원의 의식 개혁으로 이어지기를 기대하고 있습니다."(NHK 보도에서).

들었다. 이제는 동종의 게이트를 많은 기업에서 도입하고 있는데 2002년 당시만 해도 아직 드물었다. 그 때문인지 당시 NHK 아침 뉴스 특집 코너에서 야간근로를 줄이기 위해 그리고 종업원의 건강관리를 위해 이 시스템이 활용되고 있다고 다음과 같이 보도했다.

그렇지만 이 시스템이 도입된 이후에도 덴쓰의 장시간 노동과 야간근로는 계속되었다. 나에게 들려온 정보로는 야간근로를 하고 퇴관할 때 그 게이트를 통과하지 않고 퇴관 시각 기록이 남지 않는 별도의 출구로 퇴관하는 일이 많아져, 시스템만 있을 뿐 제 역할을 못한다고 했다.

다카하시 마쓰리 씨는 직장의 어느 선배에게서 들은 이야기도 있고 해서 자기의 장시간 노동, 야간근로 실태를 기록으로 남기기 위해 반드시 플랩 게이트를 통과해서 퇴근했다고 한다. 우리는 그 것을 그녀의 스마트폰에 있는 정보메시지 등를 통해 알았다.

그래서 유족 대리인으로서 회사에 2월 24일부로 통지서를 보내고, 그 중에서 플랩 게이트 등 회사 건물에 출입한 기록, 그녀가 사용했던 컴퓨터의 기록로그온·오프 시각 등 등의 자료를 전면적으로 열어서 보여줄 것을 요구했다.

공개 자료의 기록에 의하여 과중 노동의 실태가 드러나다

덴쓰 쪽도 변호사를 선임하여 3월에 우리가 요구한 자료의 대부분을 사본으로 받아 갔다. 그 당시 회사는 자료를 유족에게 공개하기로 방침을 바꾼 것 같았다. 처음부터 왜 이런 자세를 취하지 않았는지 의문이 있지만, 적어도 내가 대리인에 취임한 이후에는 회사가 자료 공개를 성실하게 이행하였다. 산재 신청을 할 의사가 있는 유족에게 고인의 노동 실태에 관한 자료를 공개하는 것은 사용

통지서

삼가 알립니다.

본 변호사는, 금번 다카하시 유키미 씨로부터 동일인의 자녀인 다카하시 마쓰리 씨의 사망에 따른 산재 보상에 관한 일체의 건에 대하여 위임을 받아 대리인에 취임했습니다. 본 변호사는 다카하시 유키미 씨(이하, '통지인'이라고 한다)의 대리인으로서 귀사에 아래와 같이 통지합니다.

아 래

1 통지인의 자녀인 다카하시 마쓰리 씨(이하, 재해자[4])는 귀사의 종업원이었으나 2015년 12월 25일에 사망했습니다. 통지인은 재해자의 사망이 장시간 노동 등 업무상의 과로·스트레스에 의한 것으로 보고 근간 노동기준감독서[5]에 산재 신청을 하려고 합니다.

산재를 신청함에 있어서 다음과 같이 귀사에 요청합니다. 귀사는 노동자재해 보상보험법 시행규칙 제23조의 취지에 의거하여 조사 및 산재 신청 수속에 진지하게 협력해 주십시오.

2 재해자에 대해서 이미 귀사로부터 통지인 측에 교부가 끝난 서류를 제외하고, 다음의 자료를 본 변호사에게 교부해 주십시오.

(1) 노무 형태 및 산재 보상의 규정이 판명될 자료(취업규칙, 재해보상 규정, 36 협정 등. 사망 당시의 것.)

(2) 근무일, 출장일, 실제의 노동시간이 판명될 자료(입사 이후분)

① 출퇴근 관리 시스템의 기록, 근무표, 출장 기록, 타임카드, 휴일 근무 관리 카드, 업무 일지 등.

② 재해자가 사용했던 컴퓨터의 기록(로그온·오프 시각(전원 온·오프 시각), 서버에 로그인·오프 한 시각, 파일의 작성·변경 시각, 메일의 송수신 시각 등)

③ 플랩 게이트 등 회사 건물에 출입한 기록(보안 카드나 IC 카드의 기록 등) 및 회사 건물 및 관련 회사 건물 등에 출입한 기록

④ 경비 관련 자료부터 심야 귀가, 출장일과 노동시간이 드러나는 것

⑤ 기타, 재해자의 근무일, 출장일, 노동시간에 관한 일체의 자료

(3) 담당 직무와 업무 내용이 드러나는 자료(회사의 조직도, 재해자가 작성한 업무 보고 등의 작성 서류, 회사가 작성한 설명서 등. 입사 이후분)

(4) 심신의 상황에 관한 자료(입사 전, 입사 후의 건강진단 결과표 등)

---

4. 일본에서는 피재자被災者라고 한다.
5. 노동기준감독서勞動基準監督署는 노동기준법과 기타의 노동자보호법규에 근거하여 사업장에 대한 감독 및 노재보험의 급부 등을 취급하는 후생노동성이 지방에 설치한 기관. 도도부현都道府県 노동국의 지휘 감독을 받고 도도부현 노동국은 주로 후생노동성의 내부 부국인 노동기준국의 지휘 감독을 받는다. 노기서勞基署로 약칭하고 있음.

(5) 재해자의 사망에 대해서 회사가 작성한 조사 보고서 등

(6) 금액에 관한 설명 자료(임금 대장, 재해자의 사망에 따라 회사가 유족에게 지급한 또는 지급할 예정인 금액에 관한 명세서, 근거 규정 등)

(7) 재해자가 일했던 직장의 사진

(8) 후생연금 보험료 등의 가입 상황 및 수급 상황에 관한 자료

(9) 기타, 재해자의 노동 실태에 관한 일체의 자료(입사 이후분)

3 재해자의 사망에 대하여 통지인 측은 산재라고 생각하고 있습니다만, 현 시점에 귀사는 재해자 사망의 산재 해당 여부에 대해 어떠한 견해를 갖는지를 설명해 주십시오. 아울러서 귀사는 통지인 등 유족에게 기업 보상 등에 대해 어떻게 생각하는지를 설명해 주십시오. 또 이와 같은 재직 중 사망이 발생하지 않도록 현재 어떤 대책을 세우고 있는지를 설명해 주십시오.

4 귀사가 익히 아시는 바와 같이 2000년 3월 24일, 최고재판소는 귀사 종업원 고 오시마 이치로 씨의 사망에 대해 이것을 업무상의 사망이라는 평가와 함께 귀사의 주의 의무 위반을 엄중하게 인정했습니다.

귀사는 이번에 재해자의 사망이라는 안타까운 사태가 발생한 것을 심각하게 인식하기 바라며, 본 건에서는 통지인 등 유족에 대해 성의 있는 자세로 대응할 것을 강력히 요구하는 바입니다.

5 그런고로 금년 3월 3일(목) 오후 2시부터 변호사회관 11층(도쿄도 지요다구 가스미가세키 1-1-3)에서 회사 대리인 변호사와 본 변호사 사이에 면담을 가질 예정이므로, 그때 상기 2의 자료를 본 변호사에게 교부해 주십시오.

6 본 건에 대해서는 본 변호사가 수임했으므로 이후 통지인에게 직접 연락하지 마시고 모두 본 변호사에게 연락해 주십시오.

이상

2016년 2월 24일
통지인 다카하시 유키미
도쿄도 분쿄구 혼고 2정목 27번 17호
ICN 빌딩 2층 가와히토 법률사무소
통지인의 대리인 변호사 가와히토 히로시

도쿄도 미나토구 히가시신바시 1-8-1
피통지인 주식회사 덴쓰
대표이사 사장 이시이 다다시石井直 귀하

피통지인의 대리인 변호사 ○○ 귀하

자의 의무이고노동재해보험법 시행규칙 제23조, 회사의 자세 전환은 당연한 일이다. 그래도 회사가 증거를 은폐하지 않고 유족에게 성의를 보이는 방향으로 간 것은 긍정적으로 평가했다.

나는 방대한 자료 중에서 가장 먼저 플랩 게이트의 기록 시각을 보았다. 역시 2015년 10월부터 12월까지의 기록은 마쓰리 씨가 휴대전화 메시지 등에서 호소했던 그대로 가혹한 노동 내용이 진실이라는 것을 여실히 증명하고 있었다.

'10월 19일 23:02, 20일 27:38, 21일 24:20……'

10월 19일부터 11월 7일까지는 거의 10시 이후의 야간 근무가 계속되었고 밤샘 근무도 있었다.

나는 차후의 실무 활동을 효과적으로 진행하기 위해 가와히토 법률사무소의 스태프 이외에 추가로, 과로사 산재 신청 사건의 경험이 있는 가니에 기타로蟹江鬼太郎 변호사를 변호인단에 참여시키기로 하고 유족의 승낙을 얻었다. 가니에 변호사는 이후 특히 자료 데이터 분석 등의 실무에서 중요한 역할을 발휘해 주었다.

우리는 마쓰리 씨의 게이트 통과 기록을 토대로 그녀가 사용했던 사내 컴퓨터의 기록 등을 참조하여 그녀의 실질 노동시간을 집계하는 작업을 진행했다.

그녀가 심신의 건강을 해친 시기11월 상순부터 거슬러 올라가 2주간의 집계는 [표 1]과 같다.

또한 자살 염려가 현저해진 시기12월 18일부터 거슬러 올라가 직전 12일간의 집계는 [표 2]와 같다.

[표 1]과 [표 2]를 보면 그녀의 장시간 노동, 야간근로, 밤샘 근무의

[표1] 노동시간 집계표 10/25 ~ 11/7

	노동시간 (업무 시작 ~ 종료)	1일 구속시간 수	1일 노동시간 수	총 노동시간	시간외 근로시간 수
10/25 (일)	19:27 ~ 30:05	10:38	10:38		
10/26 (월)	6:05 ~ 38:44	32:39	31:39		
10/27 (화)	15:01 ~ 24:42	9:41	9:41		
10/28 (수)	9:28 ~ 23:16	13:48	12:48	87:26	47:26
10/29 (목)	10:36 ~ 21:18	10:42	9:42		
10/30 (금)	9:28 ~ 23:26	13:58	12:58		
10/31 (토)					
11/1 (일)	17:47 ~ 22:42	4:55	4:55		
11/2 (월)	9:28 ~ 23:42	14:14	13:14		
11/3 (화)	13:33 ~ 25:21	11:48	11:48		
11/4 (수)	9:13 ~ 26:07	16:54	15:54	77:18	37:18
11/5 (목)	9:30 ~ 22:23	12:53	11:53		
11/6 (금)	9:22 ~ 23:00	13:38	12:38		
11/7 (토)	18:53 ~ 25:49	6:56	6:56		

[표2] 노동시간 집계표 12/7 ~ 12/18

	노동시간 (업무 시작 ~ 종료)	1일 구속시간 수	1일 노동시간 수	총 노동시간	시간외 근로시간 수
12/7 (월)	9:02 ~ 24:07	15:05	14:05		
12/8 (화)	9:03 ~ 28:04	19:01	18:01		
12/9 (수)	9:04 ~ 23:02	13:58	12:58	76:28	36:28
12/10 (목)	9:05 ~ 29:34	20:29	19:29		
12/11 (금)	11:40 ~ 24:35	12:55	11:55		
12/12 (토)	17:38 ~ 24:15	6:37	6:37		
12/13 (일)					
12/14 (월)	9:24 ~ 22:13	12:49	11:49		
12/15 (화)	9:04 ~ 24:40	15:36	14:36	76:18	36:18
12/16 (수)	9:28 ~ 21:44	12:16	11:16		
12/17 (목)	9:27 ~ 27:54	18:27	17:27		
12/18 (금)	9:27 ~ 25:00	15:33	14:33		

존재는 일목요연하다. 10월 25일부터 27일에 걸쳐 이틀 연속 밤샘 근무로 되어 있고, 그 주의 시간외근로주 40시간을 넘는 노동시간가 47시 간에 이르고 있다. 회사에 그녀가 사용할 수 있는 수면실은 따로 없

고, 책상에 엎드려서 휴식을 취하는 것이 고작인 상태였다. 11월 1일부터 7일까지 7일간 연속 야간 근무밤 10시 이후의 근무가 계속되고, 예를 들어 11월 5일은 오전 2시 지나서까지 근무한 후에 사택회사가 임차해서 빌려준 원룸에 돌아갔다가 아침 9시 30분에 출근했다. 통근 시간으로 왕복 1시간 이상은 필요하므로 수면 시간은 2시간 정도밖에 안 된다. 그녀는 '하루에 2시간밖에 잘 수 없다.', '일주일에 10시간밖에 못 잔다.'라고 생전에 휴대전화 메시지를 통해 호소했었는데 그것이 결코 과장이 아니라는 것은 회사 측이 공개한 자료에 의해서도 증명되었다.

12월에는 이미 마쓰리 씨의 건강이 상당히 나빠져 있었다. 그런 중에도 12월 7일부터 18일까지 거의 모든 날 심야 근무를 했고, 그중에 24시 이후 즉 날짜를 넘겨서까지 계속 일한 날이 8일이나 되어 그녀의 건강을 한층 더 심각한 단계로 몰고 갔다고 할 수 있다.

밤새워 '사내에서 음식물을 섭취'하고 있었다?

덴쓰는 실제 노동시간이 아니라 36협정의 상한선 이하로 노동 시간을 위장하기 위하여 다음과 같은 수법을 취하고 있었다.

앞서 말한 바와 같이 플랩 게이트에서 기록한 퇴관 시각은 사내의 노무관리 담당자와 상사에게 알려지는 시스템으로 되어 있기 때문에, 다카하시 마쓰리 씨처럼 연장근로가 많은 경우에는 36협정의 상한 시간을 초과하는 것이 데이터상으로 드러난다.

원칙대로 하면 전술한 NHK 뉴스 보도처럼, 퇴관 시각이 심야를 넘겼다는 것이 확인되는 즉시 관계 부서나 상사가 장시간 노동을 개선하기 위해 움직이고 건강 체크도 하는 것이 제도 설계에 들어 있었음에도, 회사는 그것과는 정반대로 노동시간 은폐 방법을 짜내고 있었다.

즉 근무 등록 시각본인이 신고한 시각과 게이트에 기록된 시각의 차이가 1시간 이상 나는 사원에게 '근무 등록 시각과 게이트의 퇴관 시각이 차이 나는 이유를 등록해 주시기 바랍니다.', '복수 선택 가능합니다.'라는 서식을 만들어 다음의 항목에서 골라 대답하게 했다.

* 사적인 정보 수집TV, 신문, 잡지, 인터넷 등
* 사적인 전화, 사적인 메시지 주고받기, SNS
* 사내에서 음식물 섭취, 간담, 휴식
* 자기 개발댄쓰 모임, 사적인 공부, 건강 증진 등
* 일시적인 출입두고 간 물건 가지러 왔다감 등
* 기타노조 활동, 사물 정리, 사원증_ID카드 접촉 불량 등

그 중에는 노동조합 활동을 했다거나 사내에서 음식물을 섭취했다는 사람도 있을지 모르나, 심야 시간대까지 사적인 이유로 회사 실내에 머무를 사람은 통상 상정할 수 없다.

구체적으로 분석하면, 다카하시 마쓰리 씨가 기입했다고 하는 '근무 등록 시각과 게이트의 퇴관 시각에 차이가 나는 이유'는 회사의 설명으로는 '사내 음식물 섭취, 간담, 휴식'과 '사적인 정보 수집'

[표 3] 근무 등록 시각과 퇴관 시각

	근무 상황 보고표		게이트 통과 시각		차이가 나는 시간		비고*
	출근시간	퇴근시간	입관시간	퇴관시간	출근	퇴근	
2015/10/19 (월)	9:30	23:00	9:22	23:02		0:02	
2015/10/20 (화)	9:30	27:30	8:56	27:38		0:08	
2015/10/21 (수)	10:30	24:15	10:15	24:20		0:05	
2015/10/22 (목)	10:30	20:45	9:34	20:55		0:10	
2015/10/23 (금)	9:00	18:20	8:57	18:26		0:06	
2015/10/24 (토)							
2015/10/25 (일)			19:27				
2015/10/26 (월)	9:30	22:00	6:05	38:44		16:44	사내에서 음식물 섭취, 간담, 휴식
2015/10/27 (화)	9:30	19:30	15:01	24:42		5:12	사내에서 음식물 섭취, 간담, 휴식
2015/10/28 (수)	9:30	20:40	9:28	23:16		2:36	사내에서 음식물 섭취, 간담, 휴식
2015/10/29 (목)	10:45	19:00	10:36	21:18		2:18	사내에서 음식물 섭취, 간담, 휴식
2015/10/30 (금)	9:30	17:30	9:28	23:26		5:56	사적 정보 수집, 사내에서 음식물 섭취, 자기 개발
2015/10/31 (토)							
10월 계						46:36	

* 본인 신고의 퇴근 시각과 플랩 게이트의 퇴관 시각에 1시간 이상 차이가 났던 경우에 자기가 신고한 사내에 머문 사적인 이유

이 많다.[표 3]

이 일시들에 대해서 '근무 상황 보고서본인 신고', '게이트 통과 퇴관 기록'을 대조하면 [표 3]이 된다.

다카하시 마쓰리 씨는 여러 날에 걸쳐 계속해서 심야 시간대에 퇴관하거나 심지어 퇴관을 하지 않고 밤샘한 날도 있었다. 그런 그녀가 이러한 개인 사정으로 사옥 내에 장시간 있었다는 것은 도저히 믿을 수 없다.

그리고 중요한 것으로 마쓰리 씨의 상사가, 10월 하순부터 11월

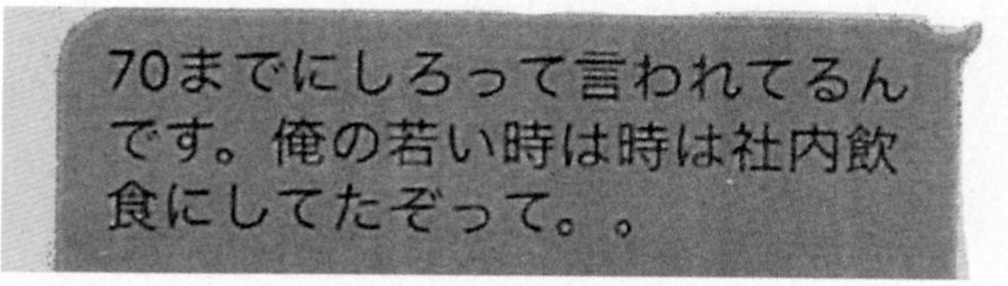

70までにしろって言われてるん
です。俺の若い時は時は社内飲
食にしてたぞって。。

[사진 3]

상순에 걸쳐 36협정 상한월 70시간 숫자 이하가 되도록 실질 노동시간을 은폐할 것을 지시하고, 그 방법으로 '사내에서 음식물을 섭취했다.'고 할 것을 사실상 강요했던 것이다. 마쓰리 씨의 트위터와 휴대전화 메시지에는 다음과 같이 쓰여 있다.

"70시간까지만 적으라네요. 자기가 젊었을 때는 '사내에서 음식물 섭취'로 썼다면서."11월 4일. [사진 3]

노동시간의 위장 방법까지 지시받고 신입 사원이 여기에 저항하는 것은 지극히 어려운 일이며, 마쓰리 씨가 '자발적으로' 노동시간을 숨긴 것이 전혀 아니다.

왜 야간근로를 계속하게 되었나

그렇다 해도 마쓰리 씨는 신입 사원 1년차부터 왜 이 정도까지 장시간의 노동을 해야만 했을까.

광고 회사의 업무에는 이벤트 기획 등의 소위 콘텐츠 업무도 있지만, 주요 업무는 클라이언트 기업의 의뢰를 받아 광고를 만들어서 사회에 선전하는 것이다. 그녀는 신입 연수 후인 5월 7일부터 '다이렉트 마케팅 비즈니스국'DMB국에 배속되고, 6월 1일부터는 같은 국의 '디지털 어카운트부'라는 부서에 배속되어 인터넷 광고를 담당했다. 덴쓰의 유가증권 보고서에 인터넷 광고에 관한 기록이 나오는 것이 2006년도분부터니까, 제2차 세계대전 전부터 계속된 덴쓰의 오랜 역사에서 보면 비교적 최근에 시작한 새로운 분야다.

덴쓰의 인터넷 광고는 주력 분야인 텔레비전 광고와 두 가지 점에서 커다란 차이가 있었다.

하나는, 일본 제일의 광고 회사인 덴쓰가 텔레비전 광고 분야에서는 실적에 의해 압도적인 우위를 확보하고 있었으나, 인터넷 광고에서는 많은 벤처기업을 포함해 타사와 별 차이가 없는 경쟁 관계에 있었다.

또 하나는, 텔레비전에서는 한번 CM이 완성되면 통상 그것이 수개월 단위로 계속 사용되는 것에 비해, 인터넷 광고는 광고에 대한 누리꾼의 반응 정보를 구체적으로 바로 얻을 수 있고, 또 광고 내용과 형상을 쉽게 변경할 수 있기 때문에 개선이 필요한 경우에는 1주간 단위로 개선 작업을 요구할 수 있게 되어 있다. 그 때문에 CM을 만드는 일은 일단락되는 개념이 없고, 이를테면 끝없는 작업이 계속되어 버리는 것이다.

6월 1일 배치 후에 마쓰리 씨에게 맡겨진 일은 자동차 화재보험의 디지털 광고 업무였다.

① 월요일에 올라오는 구구한 각종 데이터검색 순위, 표시 횟수, 링크 횟수, 클릭률, 계약 성사 횟수, 계약 성사율 등를 분석하여, ② 그 다음 주를

대비해 개선점 등에 대한 주간 보고서를 작성하고, ③ 수요일 정례 회의 때 주간 보고서에 의거하여 광고주에게 개선점 등을 제안하고, ④ 광고주와의 협의로 결정된 개선 사항을 실행하고, ⑤ 월요일에 올라오는 데이터를 다시 한번 집계·확인·분석하고, 지난주에 개선한 사항이 어떠한 성과로 이어졌는지를 분석하는 것인데, 이러한 일련의 작업을 매주 반복해야 했다.

마쓰리 씨는 10월 1일 수습 기간이 끝나 정식으로 채용되었다. 그리고 10월 중순부터는 자동차보험의 디지털 업무에다가 FX 증권의 디지털 광고 안건까지 맡게 되었다. 그 결과 두 클라이언트 회사의 디지털 광고 안건을 동시에 병행 처리해야 했다.

10월 19일부터 그녀의 노동시간이 급격하게 증가한 것은 이러한 원인 때문이다.

격려는커녕 욕설을 퍼붓는 상사

마쓰리 씨가 트위터에 트윗한 내용에 의하면, 상사는 그녀에게 심한 폭언을 반복했다.[사진4, 5]

"너의 연장근로 20시간이 회사에는 전혀 보탬이 안 돼."
"회의 중에 졸린 얼굴을 하는 건 자기 관리가 빵점이라는 거야."
"부스스한 머리, 충혈된 눈으로 출근하지 말란 말이야."
"그 정도 업무량 가지고 힘들다면 능력이 쥐뿔도 없는 거지."

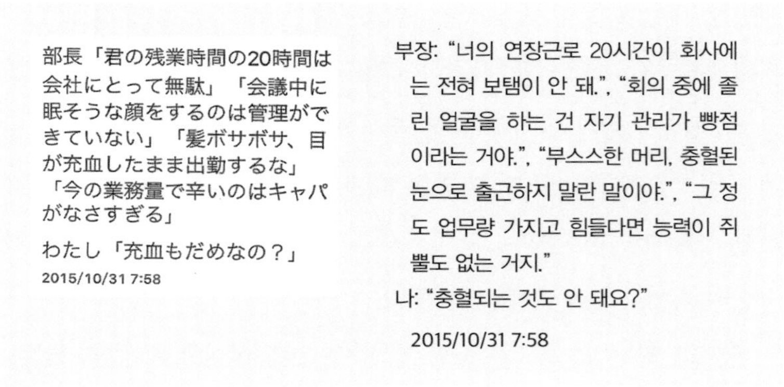

部長「君の残業時間の20時間は会社にとって無駄」「会議中に眠そうな顔をするのは管理ができていない」「髪ボサボサ、目が充血したまま出勤するな」「今の業務量で辛いのはキャパがなさすぎる」

わたし「充血もだめなの？」

2015/10/31 7:58

부장: "너의 연장근로 20시간이 회사에는 전혀 보탬이 안 돼.", "회의 중에 졸린 얼굴을 하는 건 자기 관리가 빵점이라는 거야.", "부스스한 머리, 충혈된 눈으로 출근하지 말란 말이야.", "그 정도 업무량 가지고 힘들다면 능력이 쥐뿔도 없는 거지."

나: "충혈되는 것도 안 돼요?"

2015/10/31 7:58

[사진 4]

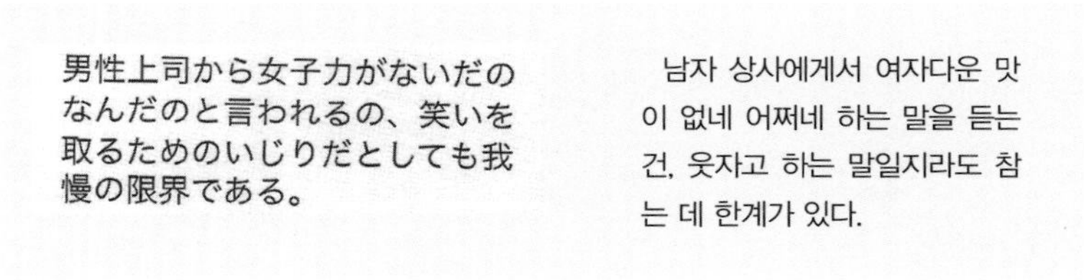

男性上司から女子力がないだのなんだのと言われるの、笑いを取るためのいじりだとしても我慢の限界である。

남자 상사에게서 여자다운 맛이 없네 어쩌네 하는 말을 듣는 건, 웃자고 하는 말일지라도 참는 데 한계가 있다.

[사진 5]

"여자다운 맛이라곤 없다."
'남자 상사에게서 여자다운 맛이 없네 어쩌네 하는 말을 듣는 건, 웃자고 하는 말일지라도 참는 데 한계가 있다.'

원래 상사란, 밤샘이나 심야 근무가 계속되는 부하가 있으면 위로나 격려의 말을 해 주는 것이 당연한데, 그녀의 상사는 격려와는 정반대로 '갑질'에 가까운 언동을 반복해서 그녀의 심신을 한층 더 궁지로 몰아넣었다.

심야까지 계속되는 접대 업무 지도

마쓰리 씨에게 주어진 업무로는 이 밖에도 간친회 등의 간사 업무가 있다. 덴쓰에서는 각 국의 회합을 '국회局會', 부의 회합을 '부회部會'라고 부르며, 이들 회사 내 회합의 간사와 간사 보좌를 신입 사원에게 맡기고 있었다. 국회나 부회는 프레젠테이션과 접대의 기획 · 입안 · 실행을 실천하는 중요한 훈련의 장으로서 자리매김 되어 있기 때문에, 사전에 치밀하게 준비하여 당일에 순조롭게 진행해야 하고, 사후에는 선배 사원으로부터 자세하게 개선점을 지적받는다.

예를 들어 12월 15일에 개최된 '국회' 준비의 일환으로서 마쓰리 씨가 휴일에 동료와 함께 동영상을 찍던 상황을 도쿄에 와 있던 모친 유키미 씨가 목격했다.제2장 참조

또한 마쓰리 씨는 같은 해 12월 18일사망 약 1주일 전에 개최된 부회에서, '1차, 2차의 장소 결정 · 예약', '연회의 콘텐츠 기획 · 결정', '파워포인트 작성', '당일 연회의 사회 · 진행', '2차 장소로 유도', '해산 후의 택시 수배' 등을 담당했다.

그녀는 기존의 업무 때문에 시간 여유가 없어서 충분한 준비와 사회 · 진행을 못해 당일의 3차 모임반성회에서 상사로부터 '건배 선창자도 정하지 않았다.', '꽃다발 증정도 원활하게 이루어지지 않았다.', '2차 장소가 멀었다.' 등의 질책을 당했다. 더욱이 그녀는 개선해야 할 점을 보고서로 만들어 월요일에 이메일로 제출하라는 지시를 받고 그대로 리포트로 보고했다. 보고 후에는 선배들이 다시 한

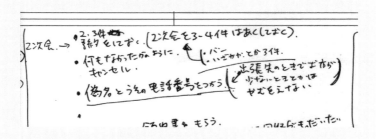

今回の反省点

| 局長補がいらっしゃることで、どのような会になるのか、事前に予想を立てたうえでお店やコンテンツの内容を考えるべきでした |
| 部会準備に必要な項目や、おすすめのお店、上長の好みを事前に伺って、準備の参考にすべきでした |
| 今回の部会の趣旨や意図について、部長と話しておくべきでした（部の解体という複雑な状況の中での忘年会で、花束の手配などにかかわるため特に注意すべきでした） |
| — |
| — |
| 局長補のお好みの料理や雰囲気を把握していませんでした |
| 2時間の飲み会に十分な量なのか把握していなかったため、途中、軽いおつまみを頼んでしまいました |

이번 부회에서 반성할 점
국장보께서 오시니까 어떤 모임이 될지 사전에 예상하고 회식 장소와 콘텐츠 내용을 생각했어야 합니다.
부회 준비에 필요한 항목과 추천 식당, 윗분의 취향을 사전에 여쭤서 준비에 참고했어야 합니다.
이번 부회의 취지와 의도에 대해서 부장님과 상의했어야 합니다(부 해체라는 복잡한 상황 속에서 하는 송년회로 꽃다발 준비 등에 특별히 주의했어야 합니다).

국장보께서 좋아하시는 요리와 분위기를 파악하지 못했습니다.
2시간짜리 회식에 충분한 양을 파악하지 못했기 때문에 도중에 간단한 안주를 내오는 일이 발생하고 말았습니다.

2차회→
· 2, 3건 예약해 둘 것(2차를 3~4건 파악해 둘 것. 바 · 이자카야 등 3건)
· 아무 일도 없었던 것처럼 취소
· 가명과 거짓 전화번호 사용(·출장지 등에서 식당이 적을 때 등은 어쩔 수 없음)

[사진 6]

번 구두로 지적했다.[사진 6]

　세계의 광고업계를 선도하겠다는 덴쓰가 심야에 신입 사원에게 하는 특별훈련이 '건배하는 방법', '꽃다발 증정 방법', '2차 회식 선정' 따위라니 얼마나 한심한 일인가. 더욱이 2차를 예약할 때는 '가명과 가짜 전화번호를 사용한다.'는 방법까지 가르치는 것은 언어도단이다.

초등학교 때부터 열심히 공부해서 명문 대학을 졸업한 마쓰리 씨가 볼 때 이와 같은 심야 훈련은 너무나도 바보 같고 굴욕적이지 않았을까.

우울증이 발병하고 이성적인 판단이 곤란해져……

다카하시 마쓰리 씨는 덴쓰에 입사할 때까지 밝고 활달하고 건강한 여성이었다. 그런 그녀가 10월 중순경부터 급속히 심신의 건강이 나빠졌다.

마쓰리 씨의 SNS에 그 경과가 드러나 있다.

'10월 13일, 휴일을 반납하고 만든 자료인데 쓰레기 취급을 당했다. 몸도 마음도 갈기갈기 찢기는 것 같다.

'10월 14일, 자고 싶다는 것 말고는 아무 감정도 없다.'

'10월 21일, 벌써 4시다. 몸이 떨린다. …… 죽을 것 같다. 더 이상은 무리인 것 같아. 피곤하다.[사진 7]

'10월 27일, 나약한 소리가 아니라 몸 상태가 너무 위태로워서 쓰러질 것 같다……'[사진 8]

'11월 1일, 회사 가기 싫다.'

'11월 3일, 살기 위해서 일하는지 일하기 위해서 사는지 모르게

[사진 7]　　　　　　[사진 8]

됐을 때부터가 인생.'[사진 9]

　'11월 5일, 토요일과 일요일에도 출근해야 한다는 결정이 또 났다. 진짜 죽어버리고 싶다.'[사진 10]

　'11월 6일, 정말로 죽을 뻔했다.'

　'11월 6일, 이것과 완전히 같은 상태입니다.'

　*이것은 『스톱! 과로사, 실행위원회』 블로그 속의 '사례 소개 1991년 덴쓰의 과로 자살 사건' 페이지 -고 오시마 이치로 씨의 최고재판소 판결 내용이 실려 있다.

　'11월 10일, 오늘도 못 잤다.'

　'11월 10일, 날마다 다음날이 오는 것이 무서워서 잘 수가 없다.'

　'11월 12일, 이게 계속된다면 차라리 죽고 싶다…… 이런 생각이 들기 시작했고, 길을 걸을 때 자꾸만 죽기에 적당한 육교를 찾고 있는 걸 느꼈고, 지금 이런 상태입니다.'[사진 11]

　*11월 12일 회사를 결근했다.

まつり　　　　　　　　　　2015/11/03
生きるために働いているのか、働くために生きているのか分からなくなってからが人生。

[사진 9]

　　　　　　　　　　　　　2015/11/05
土日も出勤しなければならないことがまた決定し、本気で死んでしまいたい。

[사진 10]

これが続くなら死にたいな...と
思いはじめて、道歩いてる時に
死ぬのに適してそうな歩道橋を
探しがちになっているのに気づ
いて今こういう形になってま
す。。

[사진 11]

はたらきたくない

1日の睡眠時間2週間はレベル高す
ぎる

[사진 12]

死にたいと思いながらこんなに
ストレスフルな毎日を乗り越え
た先に何が残るんだろうか。
2015/12/16 21:48

6 お気に入り

[사진 13]

'11월 16일, 회사 무서워서 잘 수 없다.'

'11월 21일, 생리통 때문에 배가 너무 아프다.'

'12월 3일, 일하기 싫은 게 아니라, 아침에 일어나고 싶지 않다.'

'12월 6일, 죽으려는 사람이라면 꼭 가는 자살의 명소'

'12월 9일, 너무 많이 자서 기분 나쁘다.'

'12월 9일, 일하기 싫다. 하루 수면 시간 2시간은 너무나 가혹하다.'[사진 12]

'12월 16일, 죽고 싶다는 생각을 하면서 이렇게 스트레스 가득한 나날을 견뎌내면 무엇이 남을까.'[사진 13]

이상과 같은 마쓰리 씨의 상황에서 생각하면, 정신의학 진단 기준국제 질병 분류 제10회 수정판 -ICD10에 비추어 보아 그녀는 11월 상순에는 우울증이 발병하고, 그 후 12월 하순까지 악화되어 갔다고 보는 것이 의학적으로 타당하다.

그리고 이 우울증 발병·악화의 원인은 10월부터 12월특히, 10월 중순부터 11월 상순, 12월 상순부터 중순의 장시간 노동, 야간근로, 위계에 의한 괴롭힘, 성희롱이었다.

산재 인정에서 기자회견으로

마쓰리 씨가 남긴 스마트폰의 기록과 회사가 공개한 자료 등을 분석하고 관계자 다수의 의견을 청취한 후, 마쓰리 씨의 사망은 신속히 산재로 인정되는 게 당연하다고 판단했다. 그래서 2016년 4월 다카하시 유키미 씨와 우리 대리인들은 미타三田 노기서를 방문하여 산재 신청 1건의 기록을 제출했고 수리되었다.

미타 노기서는 이 제출 자료를 참고하여 관계자에게 사정을 청취하고 아울러 정신 질환에 관한 전문 분회정신과 의사 3명으로 구성의 심의를 거쳐 동년 9월 30일부로 업무상의 사망산재이라고 인정했다.[사진14] 신청부터 결론까지 6개월 미만 걸렸고 비교적 빨리 결론에 도달했다고 할 수 있다.

미타 노기서의 산재 인정 이유를 요약하면 다음과 같다.

① 마쓰리 씨의 시간외근로가 10월 9일부터 11월 7일까지의 1개월30일 동안에 106시간 50분에 달했다유족 측의 주장보다는 적지만, 가장 가혹했던 10월 후반부터 11월 상순에 걸친 노동시간 인정은 유족 측의 주장과 거의 같다.

② 이 장시간 노동을 원인으로 11월 상순 무렵에 마쓰리 씨의 정신 질환이 발병되었다고 인정했다.수면 장애, 억울한 기분, 흥미와 기쁨의 상실, 쉬 피로감을 느낌, 자살 충동[6]등의 여러 증상이 현저하게 나타났다

---

6. 살 가치가 없다고 생각하거나, 죽고 싶다는 강박감으로 인해 자살을 생각하는 증상

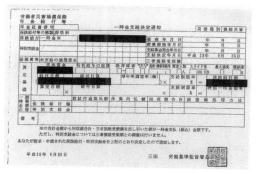

[사진 14]

고 해서 11월 상순 무렵 국제 질병 분류 ICD10의 'F32 우울증 에피소드'가 발병

한 것을 인정

③ 이 질환이 원인이 되어 12월 25일 자살을 기도하고 사망에 이

른 것이다.

이 업무상의 결정 통지를 받고, 나는 기자회견을 할지 말지, 한다

면 실명을 공표할지 말지에 대해서 다카하시 유키미 씨와 의논했

다. 나는 과로사의 산재 인정이 나온 경우에 통상 의뢰인유족과 이

것을 사회에 공표할지 말지, 공표한다면 익명으로 할지 실명으로

할지를 상의한다. 과로사가 발생하고 있다는 사실을 사회에 전하는

것은 근무 환경 개선과 과로사 예방에 지극히 중요하다고 생각하기

때문이다. 다만 유족에게는 여러 가지 사정이 있기 때문에 공표할

지 안 할지의 판단은 어디까지나 변호사가 아니라 유족이 한다.

나의 질문에 대해 유키미 씨는 실명으로 공표한다는 의사를 분

명히 했다. 그래서 10월 7일금 오후에 기자회견을 하기로 했다. 회

견장에는 마쓰리 씨의 사진도 준비하고 변호사와 유족이 동석했다. 같은 날 오전에 후생노동성이 처음으로 '과로사 방지 백서'를 발표 했기 때문에 7일부터 8일까지 많은 언론에서 과로사에 관한 보도를 했다.[사진 15]

그렇다고는 하나 마쓰리 씨의 산재 인정을 당초 대규모 언론에 서 그다지 크게 보도하지는 않았다. 먼저 인터넷 세계에서 커다란 반응이 있었는데, SNS에서 반향이 컸기 때문에 대규모 언론에도 영 향을 미쳤고, 그 후 마쓰리 씨의 일이 보도되지 않는 날이 없을 정 도로 사회문제가 되었다고 할 수 있을 것이다.

행정기관의 대응도 빨랐다. 기자회견으로부터 1주일 후에는 도 쿄노동국[7]이 덴쓰 본사에 대한 현장 조사를 실시하고, 기자회견으 로부터 1개월 후에는 덴쓰 본사와 지사에 대한 노동기준법 위반에 관한 형사 수사를 실시하였다. 후생노동성 장관뿐만 아니라 당시의

---

7. 지방고용노동청에 해당

내각 총리까지 다카하시 마쓰리 씨의 과로사에 대해 이름을 거론하며 언급하기에 이르렀다. 30년에 걸쳐 과로사 문제와 씨름해 온 경험으로 어느 정도의 사회적 반향이 있을 것은 예상했었지만 이 정도로까지 커다란 충격을 줄 것으로는 생각하지 못했다. 다카하시 마쓰리 씨의 과로사가 이렇게까지 사회적인 주목을 받게 된 것은 무엇 때문일까? 그 가장 큰 이유는 일하는 사람들이 '나도 같은 경우'라고 받아들이고, 50대부터 70대들은 '내 아들딸은 괜찮은가?' 80대 이상의 사람들은 '내 손주들은?' 하며 걱정하기 때문일 것이다.

그리고 그 보도 과정에서 덴쓰를 둘러싼 새로운 사실이 드러났다. 예를 들면 다카하시 마쓰리 씨가 사망하기 조금 전에 노동기준감독서로부터 회사가 노동기준법 위반에 관한 시정 권고를 받은 점과, 어느 남성 사원의 사망에 대해 2015년에 산재 인정이 났던 점 등이 드러나 덴쓰에 대한 비판이 한층 더 커지게 되었다.

사장의 인책 사임과 합의서 체결

도쿄 노동국은 10월부터 12월에 걸친 집중적인 현장 조사와 수사를 근거로 하여 2016년 12월 28일 '주식회사 덴쓰' 법인을 노동기준법 위반으로 검찰에 사건을 이관했다. 이에 따라 도쿄 노동국에서 검찰청으로 형사 수사 기록이 이관되어 검찰관에 의한 심사 단계에 들어가게 되었다. 검찰로 사건이 이관된 당일 이시이 다다시石井直 사장이 책임을 지고 사임할 것을 발표했다.

이에 앞서 이시이 사장으로부터 회사 대리인을 통해 마쓰리 씨의 기일에 조문하고 싶다는 취지의 제의가 있어 유족은 이를 받아들이기로 했으며, 우리 대리인들도 입회한 상태에서 12월 25일 이시이 사장 등 몇 명이 다카하시 씨 댁을 방문하여 조문하고 유족에게 사죄했다. 그리고 해가 바뀌어 2017년 1월 20일에는 회사와 유족 사이에 합의서가 체결되었다.

회사와 유족 간의 대리인 교섭은 2016년 3월부터 계속해서 진행되고 있었다. 주제는 회사의 진심어린 사죄, 재발 방지책 수립과 시행, 위자료 등 해결금 등에 대해서였다.

9월 말에 노기서의 산재 인정이 나온 후에는 도쿄 도내에서 교섭이 빈번하게 열렸다. 이 교섭 전후에 우리 변호사들은 도쿄 도내 또는 시즈오카静岡 현내에서 유족과 자주 협의하고 회사에 대한 요구 내용, 회사에서 받은 회답 내용을 검토하여 교섭에 반영시켰다.

그 결과 연말이 돼서야, 덴쓰의 나쁜 노무관리의 상징이라고 할 수 있는 '귀신 10칙'1950년대에 당시의 사장이 작성한 훈시로 오랜 세월에 걸쳐 사원 수첩에 기재되었다. [사진 16]을 회사 측이 '연말판2017년판부터 사원 수첩에서 삭제할' 것을 제시함으로써 합의의 조건이 갖추어져 갔다.

도쿄 도내에서 진행된 합의서 조인 때에는 이시이 다다시 사장이 다시 한번 유족에게 구두로 사죄했다. 합의서비공개 부분을 제외는 본서 말미와 같다. 합의서 모두에 회사는 다음과 같이 표명하고 있다갑'이라 함은 덴쓰를 가리킴.

'전도유망한 젊은이였던 고 다카하시 마쓰리 씨가 희망을 가지

[사진 16] 참고 자료 덴쓰 '귀신 10칙'
마쓰리 씨가 가지고 있던 덴쓰 사원 수첩에서, Dennote2015년판

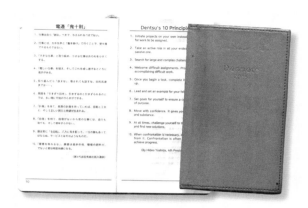

덴쓰 '귀신 10칙'

1. 일은 스스로 '만들어야' 하는 것이지 주어지는 것이 아니다.
2. 일이란 계속 선수 치며 '앞장서서' 해가는 것이지 수동적으로 하는 것이 아니다.
3. '큰 일'을 붙잡아라. 작은 일은 자기 자신을 작게 만든다.
4. '어려운 일'을 노려라. 그리고 이것을 끝까지 해내야 발전이 있다.
5. 일단 붙잡았으면 '놓지 마라.' 목에 칼이 들어와도 놓지 마라. 목적을 완수할 때까지는……
6. 주위를 '이끌어라.' 끌고 가는 것과 끌려가는 것은 오랜 시간 뒤에 천지 차이가 난다.
7. '계획'을 가져라. 장기 계획을 가지면 인내하고 궁리할 수 있다. 그 후에 올바른 노력과 희망이 생긴다.
8. '자신감'을 가져라. 자신이 없으니까 네가 하는 일에 박력도 끈기도 그리고 깊이조차 없는 거다.
9. 머리는 항상 '풀가동'하라. 모든 방면에 신경을 쓰고, 한 치의 빈틈도 있어서는 안 된다. 서비스는 그런 것이다.
10. '마찰을 두려워 마라.' 마찰은 진보의 어머니, 적극성의 밑거름이다. 그렇지 않으면 너는 비굴하고 미련해진다.

〈제4대 요시다 히데오 사장의 유훈〉

고 갑에 입사하였으나, 과중한 노동에 의한 과로·스트레스가 원인이 되어 스스로 목숨을 끊는 사태가 발생한 것에 대해 갑은 깊은 사죄와 함께 금후의 재발 방지를 포함한 모든 면에서 개선을 시행할 결의를 표명한다.'

그리고 회사는 재발 방지를 위해서 18항목에 걸친 구체적인 조치 장시간 노동의 삭감, 괴롭힘 방지, 건강관리 대책 등를 강구할 것을 약속했다.

예를 들면 다음과 같다.

- 발본적인 재발 방지책을 책정할 때까지 당분간 원칙적으로 오후 10시부터 다음날 오전 5시까지의 심야 시간대에는 사옥을 모두 소등하고, 사원에게는 심야 시간이 되기 전에 귀가할 것을 촉구해야 하며, 이것을 보충하기 위해 동 시간대에는 사원의 자택이나 사옥 밖으로 일을 가져가는 연장근로에 대해서도 원칙적으로 금지한다.
- 종업원의 실질 노동시간을 정확하고 적정하게 기록하고, 실질 노동시간이 아닌 다른 시간이 취업 시간으로서 기록되지 않도록 철저를 기하며, 종업원의 플랩 게이트 통과 기록을 신속히 상사, 인사 담당자, 안전 위생 부문 담당자가 파악할 것.
- 부와 국의 각종 연수, 간친회, 반성회 등의 준비와 출석 등의 명목으로, 실질적인 업무로 간주되는 일 때문에 과중 부담이 발생하지 않도록 철저히 할 것.
- 신입 사원을 포함하는 종업원 전원에게 1년에 한 번 이상 정기적으로 정신 건강에 관한 정기 건강진단 등을 실시한다. 더욱이 신입 사원은 입사 후 1년 이내에 한 번 더 추가로 실시한다.

- 괴롭힘 예방에 대해서는 현재 실시하고 있는 아래 대책의 취지·내용을 충분히 이해하고 상담 내용을 기록하며, 공유 방법에 대해 새로이 적절한 운용이 이루어지도록 사원에게 두루 알리고 일깨우는 방안을 마련한다. 동 예방 시책은 앞으로도 계속 운용한다.
  - 괴롭힘 방지를 위한 방안을 마련한 문서를 사내 인트라넷을 통해 전 사원에게 두루 알릴 것.
  - 신임 관리자와 중도 채용자에 대한 연수 실시.
  - 신입 사원에게 상담 창구에 대해 주지시키고, 괴롭힘 대처에 관한 연수 실시.
  - 신입 사원 입사 전에 리더, 서브 리더직에 대한 연수 실시.
  - 가이드북 『스톱! 허래스먼트』를 통하여 괴롭힘 방지에 관한 사항을 두루 알리고 일깨울 것.
  - 도급 사원, 계약직 사원, 사무 스텝에게 두루 알리고 일깨울 것.
  - 괴롭힘 상담 창구 이용에 관하여 철저히 알릴 것.
  - 개별 국과 그룹 회사에서의 사내 연수 개최.
- 앞으로 장시간 노동과 야간근로를 삭감하기 위한 업무의 진행 방법과 수주 방법에 관해서는 '사내 제언팀'을 발족시켜, 일하는 방식의 변혁에 관한 의견을 집약한 후에 구체적인 대응책을 책정한다.

나아가 유족 대리인인 내가 강사를 맡고 유족 본인도 발언하는 연수회임원과 관리직 대상 개최를 약속하고, 또한 재발 방지 조치의 실시 상황 보고를 매년 유족 측에 할 것도 약속했다.

합의한 위자료 등 해결금은 회사 측에 전면적인 책임이 있는 것을 전제로 한 내용이고 사회적으로 상당한 금액이다.

유족을 격려하는 편지와 전화를 많이들 주셨는데, 그 중에는 '회사에 대한 재판을 지원합니다.'라는 내용도 적지 않았다. 유족과 저희 대리인도 공소 제기의 가능성을 검토하고 있었으나 회사가 유족의 요구 대부분을 인정한 단계이므로 민사소송에 의한 마무리가 아니라 합의서 체결의 길을 택하기로 했다. 또한 이 합의는 '화해'라는 말로 표현하는 것은 적당하지 않다. 왜냐하면 기본적인 내용에서 유족 측이 양보한 점은 없기 때문이다.

합의 내용에는 이제까지의 과로사 사건에서는 유례를 찾아볼 수 없는 내용도 포함되어 있다. 이 합의서에 의거하여 4월 12일, 내가 덴쓰홀에서 야마모토 도시히로山本敏博 신임 사장을 비롯하여 많은 임원과 관리직을 대상으로 강의를 실시하고, 또한 다카하시 유키미 씨도 출석하여 재발 방지를 강력하게 호소했다제3장 참조.

덴쓰는 그 뒤 7월 27일부로 '노동환경 개혁 기본 계획'이라는 제목으로 사내 개혁안을 발표하고 그것을 실천 중임을 사회적으로 공표했다.

형사 사건의 전개

앞서 말한 바와 같이 법인 덴쓰는 노동기준법 위반위법 연장근로으로 2016년 말에 서류송청되었는데, 2017년 7월 상순에 검찰관도쿄구검찰청이 기소 처분약식기소하기로 결정했다. 한편 마찬가지로 검찰로 이관되었던 마쓰리 씨의 상사 개인은 불기소 처분기소유예되어, 이점은 유족의 심정으로서 납득하기 어려운 결정이었다.

약식기소란 피의자의 동의를 전제로 서면심리에 의해 법원이 벌금 납부를 명하는 결정약식명령을 시행하도록 요구하는 것이다. 그러나 약식기소를 수리한 도쿄 간이재판소[8]는 직권에 의해 '본건은 공개 법정에서 재판하는 것이 적당하다'고 결정하고형사소송법 제463조 제1회 기일이 9월 22일 열렸다.

제1회 공판은 동일 오전 11시부터 약 1시간에 걸쳐 열렸다. 덴쓰에서는 법인의 대표자로서 야마모토 도시히로 사장이 출정했다.

당일에는 약 600명추첨 배율 약 30배의 방청 희망자가 법원에 모이는 등, 간이 재판소의 사건으로서는 극히 이례적일 만큼 사회적 주목을 받았다. 다카하시 마쓰리 씨의 유족과 대리인인 나에게는 재판소가 특별 방청석을 확보해 주어서 방청할 수 있었다.

검찰 측의 공소 사실은, 덴쓰의 관리직 3인이 4인의 사원에게, 2015년 10월부터 12월까지 노동기준법과 노사 협정36협정을 위반하고 위법한 연장근로를 장시간 시켰다는 내용이다. 겨우 4명분의 위법 연장근로만 기소한 것은 적다고 생각한다. 기소의 근거로 ① 일반적으로 형벌을 과하기 위한 증거 입증의 정도는 민사책임과 비교해서 보다 고도의 것이 요구된다는 점. ② 노동기준법 위반위법 연장근로의 형벌을 과하기 위해서는 구체적인 노동시간에 대한 상사 등의 고의가 인정될 필요가 있으나 그 증명이 곤란했다는 점. ③ 제한

---

8. 한국의 시·군 법원에 대응한다.

된 수사 인원으로 제한된 기한 내에 처리해야 했다는 점 등의 사정이 있었을 것으로 짐작된다.

다만 검찰관의 모두진술에서는 덴쓰의 악질성에 대해 상세하게 지적하였다. 본건이 행정 조치에 머물지 않고 형사사건으로 입건되었으며, 특히 덴쓰가 2014년에 오사카大阪의 덴마天満 노기서에서 두 번에 걸쳐 위법 연장근로로 시정 권고를 받았다. 또한 2015년에는 도쿄의 미타 노기서에서도 같은 시정 권고를 받았음에도, 같은 해 10월 이후에도 위법 연장근로가 반복되었다고 지적했다. 그리고 덴쓰에서는 천 명 이상의 위법 연장근로가 발생한 시기도 있었다는 지적도 있었다. 덴쓰 측은 공소 사실을 모두 인정했다.

야마모토 사장은 법정에서 발언하기 전에 방청석의 다카하시 유키미 씨를 향해 머리를 숙이고, 피고인 질문에서는 사죄·반성의 말과 함께 재발 방지를 위한 의지를 표명했다.

2주 후인 10월 6일에 판결 언도가 진행되어 구형대로 벌금 50만 엔의 형이 선고되었다판결문의 요지는 본 장의 말미에 있음. 쌍방 모두 항소하지 않고 확정했다.

벌금 50만 엔이라는 숫자는 일반 시민 정서로 볼 때 몹시 적다고 느껴질 것이다. 노동기준법상으로는 한 건의 위법 연장근로마다 최고 30만 엔의 벌금형이라고 되어 있기 때문에 이번 공판에서는 4건 분으로 상한선이 120만 엔이었다. 가령 120만 엔이라는 판결이 났다고 해도 대기업에 대한 제재로서 너무나도 적다고 하지 않을 수 없다. 이 점에서는 다카하시 유키미 씨도 말한 바와 같이 법률 개정의 검토가 필요하다. 특히 노동기준법을 위반한 결과 산재가 발생한 경우에는 현행 형법의 죄업무상 과실치사상 등와는 별개로 노동기준법 위반과 관련한 독자 형벌예를 들어, 과중노동치사죄 등을 입법화하는 것도 포함해서 논의를 진행해야 한다고 생각한다.

이와 관련하여 독일에서는 법을 위반하여 장시간 노동을 시킨 경영자나 관리직에 대한 형사제재가 일본보다 엄격하고 벌금액도 높다. 전 NHK 기자로 독일 거주 27년차인 구마가이 도루熊谷徹 씨에 의하면, 관리직 개인이 상한 15,000유로를 내야 하는 일도 있다.『동양 경제』ONLINE 2017년 10월 15일

또 현재의 형사 실무에서는 평일의 연장근로 시간과 법정 휴일주 1회의 휴일 노동시간을 분리해서 계산하기 때문에, 이번 기소처럼 평일의 위법 연장근로가 형사제재의 대상이 되는 경우의 노동시간 수는 산재 인정할 때에 비해 적게 산출된다. 이 점도 위법 노동에 대한 바람직한 형사제재로서 입법론과 해석론 모두 검토의 여지가 있다.

더욱이 공판에서 판가름 나는 경우에는 소송 사건에 관한 모든 서류를 모아 놓은 기록이 회사 측피고인 측에 공개되는 것이 예상되기 때문에 산재 신청할 때에 제출한 증거가 수사기관을 경유해서 회사 측에 공개될 가능성이 있다. 그렇게 하면 예를 들어, 내부 고발자의 증언 내용과 재해자·유족의 프라이버시가 모두 회사 측에 알려질 위험성이 생긴다. 이 점에 대해서 형사소송법의 원칙은 계속 유지하면서도 수사기관으로서는 피해자나 고발인의 보호에 대해 적절한 배려를 할 필요가 있다.

이처럼 형사재판을 둘러싸고는 여러 가지로 검토해 갈 과제가

남겨져 있다. 그렇다고 하더라도 이번에 법인 덴쓰가 공판에 의해서 심판을 받고, 대표자가 2회에 걸쳐 법원에 나와서 반성 · 사죄 · 재발 방지를 서약한 것의 사회적 의미는 크다. 노동기준법 위반이라는 행위의 중대성이 사회적 인식으로서 확대된 것, 그리고 '고작 노동기준법 위반'이라는 견해는 이제 사회적으로 통하지 않게 되었다는 것을 기업 경영자에게 자각시켜, 법률 준수와 과중 노동 억지를 위해 커다란 효과를 가져왔다고 해도 틀리지 않다.

다카하시 마쓰리 씨는 왜 죽었을까 ― 10가지 원인

제1장의 정리로서 다카하시 마쓰리 씨가 죽은 원인을 10가지로 요약해서 지적하겠다.

첫째, 가장 큰 원인은 가혹한 장시간 노동과 야간근로로 1일 2시간, 주 10시간 정도밖에 잠을 잘 수 없는 상태였고, 그 결과 우울증이 발병, 악화되어 판단 능력과 행위 선택 능력이 현저하게 낮아졌다.

둘째, 상사가 마쓰리 씨를 지원해 주기는커녕 "시간외수당 낭비다.", "여자다운 맛이 없다." 등 위계에 의한 괴롭힘 · 성희롱 발언을 반복하여 정신적으로 몰아붙였다.

셋째, 본연의 업무 이외에도 국회나 부회 등 부서 내 회식 준비를 위해, 어쩔 수 없이 휴일까지 일하게 되어 실질적으로 노동 부담이 가중되었다.

넷째, 실제로는 장시간 연장근로를 했는데도 상사가 '사내에서 음식물을 섭취'한 것처럼 위장할 것을 지시하고, 선배가 2차 회식 장소를 가명으로 예약하라고 하는 등 위법 행위를 강요하고 권장하여 심리적으로 압박을 받았다.

다섯째, '덴쓰 귀신 10칙' 중 제5항의 '목에 칼이 들어와도 붙잡은 일을 놓지 마라.'로 상징되는 과도한 정신주의, '선후배 연차의 벽은 바다보다 깊다.'는 연차별 지배 등, 매우 전근대적이고 젊은이의 인권을 유린하는 듯한 사내 풍토가 확고부동하여 자력으로는 해결이 지극히 곤란했다.

여섯째, 마쓰리 씨가 소속된 '디지털 어카운트부'는 업무량에 비해 인원이 적고, 업계 간에 경쟁이 격심하며 일을 마무리할 수 없을 정도로 연속적인 업무였음에도 경영자가 적절한 대책을 세우지 않았다.

일곱째, 회사가 과거에 발생한 과로사 사건을 진지하게 반성하는 일 없이 위법적 연장근로를 만연시키고, 노동기준감독서에서 여러 번 시정 권고를 받았음에도 노무관리를 개선하지 않았다.

여덟째, 건강관리체제가 명목뿐이고 실효성이 없어서, 마쓰리 씨의 건강이 훼손되어 가는 과정에서 건강진단이 제대로 기능하지 못했고, 근로자의 건강을 관리하는 직업환경 의사 등도 아무런 역할을 하지 못했다.

아홉째, 노동 행정 부문에서도 마쓰리 씨가 사망할 때까지 덴쓰에 적확한 대응을 했다고는 하기 어렵다. 예를 들어, 후생노동성은 여성의 육아휴직 실시와 연장근로 삭감을 실천하는 기업을 '육아서포트 기업'으로 인정하고 있는데, 어처구니없게도 2007년, 2013년, 2015년 3회에 걸쳐 덴쓰가 이 부분에서 인정을 받았다.

열째, 덴쓰의 노동조합마쓰리 씨도 조합원이었음에 전임자가 전혀 없는 등 지나치게 역부족이었고, 장시간 노동 규제에 제 역할을 다하지 못하여 마쓰리 씨의 장시간 노동 실태를 개선할 수 없었다.

이상의 각 원인을 인식하고, 경영자를 비롯한 관계자 전원이 뼈저리게 반성하여 재발 방지에 전력을 다할 것을 호소해 마지않는다.

덴쓰 형사사건 판결 요지

덴쓰·위법 연장근로 형사사건에서 도쿄 간이재판소가 2017년 10월 6일 법인으로서의 덴쓰에 선고한 판결의 요지는 다음과 같다(방청 메모 및 신문 보도 등을 가와히토가 정리한 것. 약칭의 방법과 주석을 단 내용도 같음).

【주문】
피고인(주식회사 덴쓰)을 벌금 50만 엔에 처한다.

【범죄 사실】
덴쓰의 디지털 어카운트부, 테이블 미디어부, 미디어 솔루션1부의 각 부장은 각 부의 노동시간을 관리해야 함에도, 시간외근로 및 휴일 노동에 관한 노사 협정에서 법정 노동시간(주: 주 40시간)을 넘겨서 연장할 수 있는 시간은, 상한선이 월 50시간(주: 소정의 노동시간을 넘겨서 월 70시간)으로 정해져 있으나, 2015년 10월부터 12월에 걸쳐 소속 사원 4명(주: 다카하시 마쓰리 씨를 포함)에게 월 50시간을 초과해서 각각 3시간 30분부터 19시간 23분까지의 시간외근로를 시켰다.

【법령의 적용】
노동기준법 121조 1항, 119조 1호, 32조 1항

【양형의 이유】
본건은, 덴쓰와 도쿄 본사 노동조합 사이에서 체결한, 시간외근로 시간 및 휴일 노동에 관한 협정은 동 노동조합이 도쿄 본사 노동자의 과반수로 조직되어 있지 않아 무효였으나, 노동시간을 관리하는 3명의 부장이 이것을 유효하다고 잘못 이해하여 위법한 시간외근로를 시킨 사안이다(주: 노사 협정은 사용자 측과 노동자의 과반수 대표가 체결해야 하나, 본건에서는 협정 체결 당시에 노조 구성

원이 과반수에 이르지 못했기 때문에 무효이기는 하나 이것은 사용자 측의 형사 책임의 유무에는 영향을 미치지 않는다고 판단).

본건의, 위법한 장시간 시간외근로 때문에 자살에 이르러 고귀한 생명을 잃는 결과까지 낳은 것은 간과할 수 없다.

덴쓰는 자본금 약 747억 엔, 연간 매출 약 1조 6천억 엔, 종업원 수 약 7,000명 규모로 일본을 대표하는 기업의 하나이며 광고 회사로서 최대의 기업이고, 노동 관계 법규를 준수하고 노동환경의 적정화에도 솔선해서 앞장서야 할 처지에 있음에도, 본건 각 범행에 이르기까지 위법한 장시간 노동이 일상화되어 있었다.

전술한 바와 같이 덴쓰에는 협정의 상한을 넘는 장시간 노동을 하는 노동자가 전체에서 매월 1,400명 안팎이던 시기도 있었고, 2014년 6월에는 간사이関西 지사가, 2015년 8월에는 도쿄 본사가 각각 노동기준감독서로부터 시정 권고를 받았다. 그러나 덴쓰는 노동기준법 위반을 계속하면 악질적인 기업으로 사명이 공표되거나 관공청의 입찰 지명 정지 처분을 받는 등, 최종적으로는 도쿄올림픽 · 패럴림픽 관련 업무를 수주할 기회를 잃는 사태가 발생할 수 있기 때문에, 그것을 피하려고 오로지 회사의 불이익을 막기 위한 대응을 하였다.

그 때문에 시간외근로가 보다 장시간 가능하도록 노사 협정을 개정하는 등, 형식적으로 위법 상태를 해소하겠다는 등의 대응으로 일관했다. 노동자 증원과 업무량 삭감 등의 근본적 대책을 강구하지 않고, 노동시간 삭감을 위한 구체적인 대응은 각각의 노동자와 노동시간을 관리하는 부장들에게 맡겨져, 구체적인 근무시간 삭감을 위한 방책을 찾아내지 않은 채 소위 '서비스 잔업('무급 연장근로'에 해당)'도 만연한 상태였다.

본건 각 범행은 이상과 같은 노동환경의 일환으로 일어났다고 인정되어 각 범행에 이르는 경위부터도 덴쓰의 형사책임은 무겁다고 하지 않을 수 없다.

한편 덴쓰는 신문, 텔레비전 등에 본건 각 범행이 보도됨으로써 사회적 신용이 저하되고 업무 실적이 떨어지는 등의 사회적 제재를 받고 있으며, 뒤늦은 감이 있으나 장시간 연장근로를 허용하는 구조, 비합리적이고 비효율적인 업무 프로세스, 노동자 건강에 대한 배려 부족, 노동기준법 준수의 경시 등 문제점을 찾아내고, 재발 방지를 위해 오후 10시 이후부터 오전 5시까지는 업무를 원칙적으로 금지하는 조치를 강구하는 등 일하는 방식을 새롭게 바꾸고 있는 노력이 엿보이는 것과 대표자가 법정에서 반성의 말과 함께 재발 방지를 서약한 것 등의 사정도 인정된다.

이런 사정들을 종합적으로 고려하여 본건과 같은 정도의 위법한 시간외근로가 인정되었던 타 노동기준법 위반 사건과의 균형을 감안하여 주문의 형을 과하는 것이 상당하다고 판단하였다.

(주) '법정 노동시간'이라 함은 노동기준법 제32조에 정한 주 40시간 1일 8시간을 가리키며, '소정 노동시간'이라 함은 직장마다 정하는 것으로 법정 노동시간과 같은 경우도 있고 적은 경우도 있다.

덴쓰의 노동기준법 위반 형사사건의 판결에 관한 의견

2017년 10월 6일 다카하시 유키미

오늘 주식회사 덴쓰의 노동기준법 위반에 관한 판결이 있었습니다. 위법한 방식으로 사원에게 일을 시키는 것은 범죄이고, 회사에 책임이 있다는 것이 증명되었습니다. 아무리 훌륭한 일을 한다고 해도 노동기준법 위반은 용납할 수 없는 범죄입니다. 사원의 권리와 건강을 지키지 않으면서 이익을 내는 것은 회사를 지키는 일이 될 수 없습니다. 일본의 모든 경영자는 이상의 것을 염두에 두고 경영방침을 세워 회사를 경영해야 한다는 것입니다.

사원이 과로사 하지 않으면 처벌받지 않는다.
사원이 고소하지 않으면 처벌받지 않는다.
신고당하지 않으면 처벌받지 않는다.
조사가 들어가지 않으면 처벌받지 않는다.
이런 잘못된 인식을 가지고 회사를 경영하는 일이 없도록 앞으로도 계속 국가 사회 전체가 관심 갖는 가운데 노동국이 감시를 강화해 주시기를 바랍니다.

벌금 50만 엔이라는 벌칙에 관한 의견입니다. 노동기준법 위반으로 노동자가 사망한 경우에는 벌칙이 강화되도록 법률을 개정해 주시기 바랍니다.

그저께 NHK에 근무하던 여성 기자분이 과로사로, 노동기준감독서로부터 장시간 노동에 의한 과로사로 인정되었다는 것을 알았습니다.
다카하시 마쓰리뿐 아니라 대기업과 중소기업을 불문하고 또 업종을 불문하고 두루, 일본 전역에서 이러한 비참한 사례가 아직도 많이 일어나고 있습니다. 그 때마다 기업은 '두 번 다시 같은 일이 일어나지 않도록 하겠다.'는 결의를 보이고 있으나, 그 말이 공허하게 느껴질 정도로 여러 번, 기업의 부당한 노무관리에 의해 과로사는 반복되고 있습니다.

오늘의 판결이 나온 지금, 모든 기업이 노무관리를 개선해 주시기를 바랍니다. 그리고 국가는 많은 희생자를 낳고 있는 지금까지의 비정상적인 사태를 인식하고 부디 과로사를 없애기 위해 법률을 개정해 주시기를 바랍니다.

2장

마쓰리와 나의 24년

어느 과로사

여기에는 제가 너무나도 사랑하는 마쓰리가 있습니다.

마쓰리는 다른 아기들처럼 귀여운 아기였습니다.

달리기를 매우 좋아하고 건강한 초등학생이었습니다.

언제나 친구들과 잘 어울리고, 웃는 얼굴의 중학생이었습니다.

자신의 미래와 정면으로 마주하는 고등학생이었습니다.

마쓰리는 다른 학생들처럼 언제나 반짝반짝했습니다.

언제나 엄마를 배려하고 사랑하는 딸이었습니다.

돌이켜 보세요. 당신도 그렇지요?

당연한 일이지만 자신의 인생을 즐기세요.

자신의 인생을 소중히 여기세요.

그것이 지켜지는 세상이 되게 해 주세요.

짧은 생애지만 마쓰리는 그것을 계속 호소하고 있습니다.

마쓰리와 제가 드리는 부탁입니다.

행복해지고 싶었는데

"지금 생각하니 이렇게 후지산이 있는 전원 풍경 속에서 자란 것이 행복이었지 싶어. 엄마랑 동생이랑 게도 잡고, 반딧불이도 보러 가고, 강에서 헤엄도 치고……."

마쓰리가 이렇게 말한 건 죽기 2, 3개월쯤 전이었다고 기억합니다.

그 전까지 마쓰리는 볼 것이라고는 후지산밖에 없는 시골 생활을 싫어했습니다. 그런데 왜 그때 자기 인생을 돌아보는 듯한 말을 했을까요? 도쿄 생활에 한계가 왔기 때문이었을까요?

마쓰리가 태어나고부터는 마쓰리가 사는 세계가 바로 저의 세계였습니다. 마쓰리 덕분에 마치 또 하나의 인생을 사는 것 같았습니다.

그리고 그 즈음 저나 제 주위 사람들이나 우리 가족이 행복하다고 믿었습니다.

"엄마를 끔찍이도 생각하는 효심 깊은 아이들로 자라 주어서 정말 다행이야. 힘들게 두 아이를 키웠는데, 둘 다 좋은 회사에 취직도 하고 엄마랑 등산도 가 주고, 정말 지금까지 고생한 보람이 있어."

당시 저와 가까운 사람들은 모두 그렇게 말했습니다. 그것은 마쓰리가 도쿄대학교를 졸업하고 덴쓰에 취직했기 때문이었습니다.

"마쓰리는 일이 정말로 힘든가 봐요. 막차 시간까지 일을 하고, 다음날 아침까지 퇴근을 못할 때도 있는 것 같은데 걱정이에요. 근데도 애들 효심이 지극해요. 너무 행복해서 두렵기도 해요. 뭔가 큰일이 날까 봐 무서워요."

이렇게 대답했던 것을 뚜렷이 기억하고 있습니다. 그때 왠지 그런 불길한 예감이 들었습니다. 하지만 설마 그 후 마쓰리의 생명에 불행한 일이 벌어질 줄은 꿈에도 생각지 못했습니다.

'마쓰리와의 생활은 내가 살아 있는 한 먼 미래에까지 계속될 거야. 그러기 위해서는 내가 건강하게 오래오래 살아야 해.' 하고 생각했었기 때문입니다.

매일같이 걸어 주던 전화도 마쓰리의 일이 바빠짐에 따라 여러

날 거르게 되었습니다. 그때 주고받은 대화 내용도 기억이 희미해
져 버렸습니다. 이런 식으로 이별의 날이 올 줄 알았더라면 마쓰리
의 말을 정확히 기억해 두었을 텐데……. 지금은 마쓰리를 제대로
지켜주지 못했다는 후회로 가득합니다.

모자가정이기 때문에 어려움이 많은 환경인데도 이것을 극복하
고 자기 힘으로 도쿄대학교에 합격했으니까 마쓰리의 인생은 전도
양양하고 그 결말은 해피엔드가 될 거라고 생각했습니다.

마쓰리는 초등학교 때 꿈이 '동화 작가가 되는 것' 그리고 왠지
는 모르지만 '주간아사히의 기자가 되는 것'이었습니다. 글쓰기를
무척 좋아하는 마쓰리는 언젠가 자기 자신의 일에 대해 글 쓸 일이
있을지도 모른다고 생각했습니다. 설마 이런 식으로 제가 마쓰리의
인생을 남에게 이야기하게 될 줄은 상상조차 하지 못했습니다.

마쓰리는 도쿄에 가서도 틈날 때마다 근황을 전해 주었지만, 제
가 모르는 부분도 있었을 것 같습니다. 마쓰리의 인생은 마쓰리 본
인만 아는 세계가 있을 테니까 제가 정말로 마쓰리에 대해서 잘 전
달할 수 있을지 모르겠습니다.

제가 알고 있는 마쓰리에 대해서 말씀드리겠습니다.

우리 마쓰리는 행복해지고 싶어 했습니다. 그러기 위해서 계속
노력했습니다.

아기 때, 보육원 다닐 때

마쓰리는 1991년 11월 28일에 할아버지, 할머니가 사시는 히로시마에서 태어났습니다. 3.06Kg, 51cm로 건강하고 눈이 동글동글하며 입술이 앵두처럼 붉고 사랑스런 아기였어요.

나중에 안 일입니다만, 그해 8월에 덴쓰 사원인 오시마 이치로 씨가 세상을 떠났습니다.

반년 쯤 도쿄에서 살다가 생후 만 7개월쯤 됐을 때 시즈오카에 있는 작은 집으로 이사했습니다. 7개월에 처음으로 신발을 신고 '잡고 걷기'를 시작했으며 8개월에는 아장아장 걸었고 11개월에는 아주 잘 걷게 되었습니다.

그림책을 매우 좋아하고, 골든 리트리버 강아지와 함께 자랐습니다.

한 살 반에 기저귀를 떼었고 아주 수다스러운 아이였습니다. 두 살 3개월에 남동생이 태어나 누나가 되었습니다. 우리는 유모차를 밀고 날마다 공원에 갔습니다. 도시락을 싸 가지고 말이에요. 개울 물에 들어가기도 하고 그네도 타고 수영장에도 가고 도서관에서 그림책을 빌리기도 했습니다. 마쓰리는 그림책을 보여 주면서 남동생을 돌봤으며 매우 귀여워했습니다. 요리나 심부름이나 뭐든지 하고 싶어 하는 호기심 왕성한 아이였습니다. 자신이 그림책 속의 공주님이라고 생각하고 있었기 때문에 예절이 발라서 예의범절을 가르치는 데 어려움은 없었습니다.

마쓰리를 임신했을 때 썼던 임산부 일기부터 시작하는 육아일기에는, 마쓰리가 무럭무럭 자라 점점 귀여운 여자아이로 성장해 가는 모습이 기록되어 있습니다. 무슨 일을 해서라도 그 사랑스럽게 웃는 얼굴을 지키고 싶다고 생각한 나날들이었습니다.

세 살에 보육원에 들어가니까 원생들 중에서 몸집은 가장 컸는데, 아침에 데려다 주면 엄마와 헤어지는 것이 섭섭해서 울었습니다. 해가 바뀌어 두 살 아래의 남동생이 보육원에 들어갔습니다. 남동생은 누나와 함께 있으니까 섭섭해하지 않았고 누나와 같은 반에서 지내며 급식을 먹었다고 합니다.

남동생이 보육원에 들어간 다음부터는 보육원까지의 먼 길을 자동차가 아니라 개를 데리고 셋이서 걸어 다녔습니다. 외발자전거와 죽마 타기, 철봉 거꾸로 오르기도 할 수 있게 되었습니다. 쉬는 날에는 공원이나 도서관에도 가고, 수영장이나 바다 또는 근처의 강에 수영도 하러 가며 몸을 써서 실컷 놀아 주었습니다.

"엄마, 읽어 줘." 하며 책을 가져오고는 했습니다. 밤 근무를 하러 가기 전이었지만 이불 속에서 두 아이에게 그림책을 읽어 주었습니다. 남동생과 둘이서 집을 본 적도 많았는데 마쓰리는 동생을 잘 보살펴 주었습니다.

초등학교에 들어가고 나서

초등학교에 입학했을 때에는 자기 반 여자아이 중에서 가장 컸습니다. 담임 선생님은 베테랑 여선생님이었는데, 그 선생님께 들었

[사진 17] 보육원 졸업식에서

다는 "부모보다 먼저 죽는 것이 가장 불효예요."라는 말을 두고두
고 기억하며 성인이 된 후에도 자주 말했습니다.

　방과 후에 운동장에서 달리기를 할 때 "엄마도 함께 달릴게." 하
며 나란히 달렸습니다. 스포츠 소년단 훈련 때도 함께 달렸습니다.
5학년 때 시가 주최한 역전 릴레이에서는 코치가 아이들 팀에 저를
끼워 주어서 제가 다음 주자인 마쓰리에게 어깨띠를 건네준 일도
있습니다. 마라톤 대회에도 함께 출전했습니다. 여름에는 헤엄치느
라 새까맣게 타고, 겨울에는 스키 교실과 스케이트 교실을 언제나
함께 다녔습니다.

　마쓰리는 어렸을 때는 소극적이고 숫기가 없었는데 초등학생이
되자 적극적인 성격으로 바뀌어 반 대표나 어린이회 임원을 맡아

[사진 18] 취주악부에서 테너 색소폰을 불다(6학년 때의 운동회)

근처의 하급생도 돌봐 주었습니다. 1학년생의 집에까지 가서 그 아이를 데리고 등교하기도 했었나 봅니다저는 잊어버렸는데 그 무렵 학교에 데려다 주던 여자아이가, 마쓰리가 세상을 떠난 뒤 집에 조문을 와 주었습니다.

초등학교 4학년이 될 무렵, 서로 의식하며 경쟁하던 라이벌 친구가 도쿄에 있는 중학교에 가려고 입시 공부를 한다는 것을 알았습니다.

"나도 우리 고장에 있는 작은 공립학교 말고 도시에 있는 학교에 가고 싶어. 맘껏 공부해서 자립할거야. 엄마, 어떻게 하면 중학교 입학시험을 볼 수 있는지 알아봐 줘." 했습니다.

시골에서는 자기 고장에 있는 공립 중학교에 진학하는 것이 당연한 일입니다. 중학교 입시를 보는 아이는 극소수입니다. 시내에 중학교 입시 학원은 없습니다. 저도 시골에서 자라서 입학시험을 보고 중학교에 들어가는 줄은 몰랐습니다.

중학교 입학시험을 준비하는 아이 엄마들에게 물어봤습니다.

-통신교육? 학원? 옆 마을 학원까지 내가 통원시킬까? 학원비는 어쩌지…….

'돈이 없어서 안 된다.'고 하고 싶지는 않았습니다.

10살짜리 마쓰리가 스스로 원한 길. 저는 아이가 지향하는 목표를 포기시킬 수 없었습니다.

그러다가 5학년이 될 즈음, 인근 시에 있는 학원에 다니게 되었습니다. 중학교 입시 준비로는 늦은 시작이었습니다.

"학귀산鶴龜算, 학과 거북이 계산이 뭐야?" 처음에는 저도 함께 산수 교과서를 읽었습니다. 늦게 시작한 마쓰리는 전혀 이해 안 되는 것도 많았지만 포기하지 않았습니다. 국어는 특기 과목이라 전국 모의고사에서도 상위권이었습니다.

학원에 다니는 아이들은 모두 부잣집 아이였습니다. 도쿄와는 다르게 학원이 역에서 멀기 때문에 모두 부모들이 차로 통원시켰습니다. 저도 학교 수업이 끝나기를 기다렸다가 차 안에서 도시락을 먹이고 학원에 데려다준 다음에 일하러 갔습니다. 일이 끝나고 밤 10시에 학원에 데리러 가면, 언제나 혼자서 자습을 하며 기다리고 있었습니다. 대부분의 아이는 부모가 시켜서 입시 공부를 했지만 마쓰리는 많은 점이 달랐습니다.

다른 아이들과 다르게 좋은 성적을 받아도 포상은 없었습니다. 입시 공부를 할 수 있는 것이 상이었습니다.

이 학원 관계자가 경제적으로 어려울 때는 상담을 요청하라고 했습니다.

저는 마쓰리의 성적이 우수했기 때문에 부끄러움을 무릅쓰고 수업료를 감액 받았습니다. 마쓰리는 자신이 합격해서 학원에 실적을 남기는 것이 선생님들께 보답하는 것이라고 생각해 열심히 노력했습니다. 라이벌이던 친구처럼 도쿄에 있는 중학교로 진학하는 것까지는 못 해주었습니다. 그 대신에 장학제도수업료 면제가 있는 시즈오카의 사립 중학교에 도전하기로 했습니다.

대학 입시 공부할 때, 당시의 일을 돌이켜보며 "그 무렵에 공부를 제일 많이 했지. 그때 열심히 할 수 있었으니까 지금도 열심히 할 수 있어." 하고 말하던 것이 생각납니다.

그리고 마쓰리는 장학생으로 합격했습니다. 자기 힘으로 사립 중학교에 다닐 수 있게 된 것입니다. 부모가 수업료를 안 내도 되는 것이 마쓰리에게는 가장 기쁜 일이었습니다.

중·고 일관 학교[1]에서

이렇게 해서 2004년 4월, 마쓰리는 가토학원 교슈중학교에 입학했습니다. 중학교에 들어가면 고등학교는 무시험으로 진학하는

---

1. 일반 중학교와 고등학교에서 진행되는 교육 과정을 조정해서 일관성을 가진 체계적인 교육 방식이다. 중학교에 입학하면 같은 재단의 고등학교로 무시험 진학하게 되므로 에스컬레이터 식, 엘리베이터 식이라고 불리기도 한다.

학교라서 중학교 3학년 때에는 고등학교의 교과과정을 '선행 학습'하는 반에 들어갔습니다. 3년 동안 같은 급우에 같은 담임이었습니다.

후지산밖에 없는 시골의 논 가운데에 있는 초등학교에서 교육 환경이 좋은 중학교로 진학하려면, 도시 사람들은 상상도 할 수 없는 '지역 격차'라는 벽을 넘어야 합니다. '한 부모 가정'이라는 소득 격차도 아이에게는 어쩔 수 없는 벽입니다. 지방의 사립 중·고 일관 학교에는 그 지역 의사나 사업가의 자녀들이 많이 다닙니다. 우리는 살림이 넉넉하지 않았으니 마쓰리는 좀 색다른 경우였는데도 친구들은 많았습니다. 주눅 들지도 않고, 밝고 유머가 넘치며 리더십이 있어서 모두에게 사랑받았습니다.

농구부에 들어갔습니다.

처음에는 스쿨버스를 이용했는데 보충 학습과 아침 연습을 하기 위해서 전철과 자전거로 다녔습니다. 성적을 유지하는 것이 수업료를 면제받는 조건이었기 때문에 공부도 농구도 남보다 배는 열심히 했습니다. 중학교 수학여행은 싱가포르로 갔고 싱가포르대학을 방문했습니다. 2학년 말에 미국에 단기 유학하는 프로그램이 있어서 유타주에 갔던 경험은 매우 귀중한 체험이었습니다.

입학 때부터 매년 장래의 희망이나 목표하는 대학, 직업을 질문 받습니다. 의사분의 자녀가 자기도 의사를 목표로 하겠다는 경우는 많습니다. 하지만 저희 같은 일반 가정에서 의대에 들어가기에는 교육비 문제도 있고 해서, 할머니 할아버지가 사시는 히로시마의 대학에 입학하는 것을 목표로 했습니다.

[사진 19] 중학교 입학식 날 아침(2004년)

그 무렵 담임 선생님께서 도쿄대학에 합격한 졸업생과 비슷한 성적이니까 좀 더 목표를 높이는 것이 어떠냐는 말씀을 하셨지만 실감은 나지 않았습니다.

어쨌든 더 높은 교육을 받기 위해서는 수업료가 싼 국공립대학을 목표로 해야 했습니다.

동화 작가였던 꿈이 의사, 변호사, 정치인, 기자로 변해 갔습니다.

마쓰리는 자기에게는 많은 가능성이 있다고 믿고 있었습니다. '부모의 재력에 의지하는 것은 불가능해. 내 꿈을 실현하기 위해서 내 노력으로 어떻게든 해낼 거야. 내가 열심히 공부해서 상급 학교에도 진학하고 실력을 길러서 내 힘으로 장래의 길을 개척해야 돼.' 이렇게 생각했습니다.

고등학교 입학식에서는 신입생 대표로 선서를 했습니다.

[사진 20] 고등학교 입학식에서

고등학교에서는 다른 반에서 편입해온 학생이 조금 늘기는 하지만, 3년간 담임 선생님은 바뀌지 않습니다. 중학교부터 6년 동안 거의 같은 반 친구였기 때문에 남녀 모두 아주 친했습니다. 체육대회의 반 대항 릴레이는 3년간 같은 멤버로 우승하고, 구기 대회에도 강한 반이었습니다. 학급 임원이 되어 리더십도 발휘했습니다. 다행히 성적은 톱이어서 중고등학교 합해서 6년 동안 수업료 면제를 유지했습니다.

동아리 활동으로 농구를 계속했었는데, 나중에는 학교의 지도에 따라 학업에 전념하게 되었습니다. 2학년 여름방학 때에는 선생님의 인솔로 도쿄대학교를 견학하기도 했습니다.

마쓰리네 학교는 문과, 이과, 국공립, 사립 그리고 전공과 레벨별로 수업이 진행됩니다. 수학이 약하다고 생각했기 때문에 여름방학에 입시 학원에 다니는 문제를 담임 선생님께 상담하자 입시 학원이나 수학 교실에 다닐 필요는 없다고 하셨습니다. 전 과목 선생님들이 특별수업을 해주신 것입니다. 마치 '마쓰리 도쿄대학 합격 프로젝트' 같았습니다.

그 고등학교에서는 그때까지 4년 연속 도쿄대학교 합격생이 나왔기 때문에 그해의 도쿄대학교 수험생으로 마쓰리가 학교의 기대를 한 몸에 받고 있었던 것입니다. 엄마가 할 수 있는 일은 도시락을 싸 가지고 특별 수업에 데려다주고 데려오는 것뿐이었습니다. 가끔은 시험공부를 포기하고 싶다고 한 적도 있었지만, 친구들도 지지해 주었고 자기가 결단한 것을 포기하지 않았습니다.

대학 입시 센터 시험[2]을 마치고 사립대학의 합격자 발표가 있었습니다. 두 대학에 장학생으로 합격했는데 입학 수속을 하지 않고 도쿄대학교 입시를 치렀습니다.

합격자 발표하는 날, 고등학교 졸업식이 끝난 후 신칸센을 타고 도쿄로 가서 도쿄대학교 혼고本鄉 캠퍼스의 합격자 발표 게시판에서 수험 번호를 발견했습니다. 열 살 때 자기 스스로 중학교 입시를 결단한 후 이날이 오기까지 긴 여정이었습니다. 저는 자기 힘으로 꿈을 실현시킨 마쓰리를 앞으로도 할 수 있는 데까지 지원해야겠다고 단단히 마음먹었습니다.

---

2. 한국 수능에 해당

꿈에 부푼 대학 생활

도쿄대학에서도 수업료 면제와 기숙사 입소에 대한 소득 심사가 있었습니다.

도쿄에서 혼자 살기 시작했다고는 해도 처음 1년은 학생 기숙사에서 살았습니다. 시골 고등학교에서는 공부만 했던 마쓰리에게, 꿈에 그리던 도쿄대학 생활은 문화 충격 그 자체였을 것입니다. 엄마 곁을 떠나 생활하며 공부를 시작한 마쓰리가 저는 걱정이었습니다. 음식을 만들어서 차에 싣고 도쿄로 가져가는 일이 많았습니다. 시즈오카에 있는 집에서 차로 1시간 40분 걸립니다. 기숙사에 가려고 제 경차에 내비게이션과 하이패스를 달았습니다.

마쓰리는 매일같이 전화나 메시지로 일상생활의 잡다한 것들을 보고해 주었습니다. 창업 동아리에 흥미를 갖기도 하고, '도쿄대학 다이렉트'라는 통신교육의 튜터로서 블로그를 관리하기도 하고, 공립 중학교에 가서 '방과 후 수업'을 맡아 자원봉사를 하기도 했습니다.

마쓰리는 동아리 활동이 아니라 도쿄대학교 운동부 중의 하나인 남자 라크로스앞이 그물로 되어 있는 라켓으로 공을 빼앗아 골인시키는, 하키와 비슷한 구기부에 들어가서 트레이너를 맡아 아침 연습을 하러 다녔습니다. 마쓰리를 보려고 자주 찾아가다 보니 라크로스부의 시합을 응원하러 가기도 했습니다. 저는 라크로스부원 모두와 즐겁게 지내는 마쓰리를 보는 것이 좋았습니다.

마쓰리가 도쿄에서의 생활과 친구들에 대해서 자주 이야기해 주

[사진 21] 대학교 1학년 겨울, 교토에서(2011년)

었기 때문에 저는 마치 마쓰리와 같은 노력을 하지 않고도 또 하나의 인생을 사는 듯한 느낌이 들었습니다.

주간지에서 아르바이트도 시작했습니다. 여기에는 약간의 사연이 있습니다. 도쿄대학교 입학식 때 텔레비전 뉴스의 취재에 응했었습니다. 그때 마쓰리가 "장래에 주간아사히의 기자가 되고 싶다."고 말한 것을 주간아사히 쪽 사람이 보고, 몇 주 후에 아는 사람을 통해 연락을 주셔서 고맙게도 그곳에서 일하게 된 것입니다. 그 무렵 인터넷 사이트에 힘을 쏟기 시작한 것, 일주일에 한 번씩 웹용 프로그램 배송을 보조할 수 있게 된 것 등을 흥분된 목소리로 전해주었습니다. 그래서 저도 주간아사히의 웹사이트 시청자가 되었습니다. 거기에서는 시골에서 막 올라온 18세의 마쓰리를 매우 귀여 위해 주고 있다는 느낌을 받았습니다. 얼마 후에 제가 볼일이 있어 도쿄에 갔을 때 마쓰리가 저를 편집부에 데려갔습니다. 당시의 편집장은 "여기에서 생방송을 손수 촬영한다."고 설명해 주셨습니다. 데스크는 우리 둘에게 트위터 사용법을 화이트보드에 써가며 가르쳐 주셨습니다. 딸처럼 여동생처럼 귀여워해 주셔서 매우 안심했습니다.

또 여러 명의 시청자분이 마쓰리를 응원하는 댓글을 달아주신 것을 보고 매우 기뻤습니다. 편집부 아르바이트 때는 참의원 선거 취재에 끼기도 하고, 마쓰리가 취재한 것을 편성해 주기도 했습니다. 아무에게도 주눅 들지 않고 배짱도 있는 마쓰리에게는 즐거운 경험이었던 것 같습니다.

도쿄대학교에서는 2학년에서 3학년으로 올라갈 때 교양학부에서 각 전문 학부와 학과를 선택하여 진급합니다. 그렇기 때문에 인기 있는 학부와 학과에 가기 위해서는 1, 2학년 때의 성적이 우수해야 하고, 때로는 자기가 희망하는 학부와 학과에 진급하기 위해 자기보다 머리가 좋은 학생들과 경쟁해야 한다고 마쓰리가 말했습니다.

한편으로 노래방, 스티커 사진, 볼링, 콘서트 등 고등학교 때 해 본 적이 없었던 놀이를 처음으로 했을 때에는 기뻐서 눈물을 줄줄 흘리며 울었다고 합니다. 붙임성 좋고 사교적인 마쓰리에게 친구가 많이 생긴 것 같았습니다.

청화대학 유학 무렵

마쓰리가 어렸을 때부터 가졌던 꿈 중의 하나가 해외 유학이었습니다.

돈을 들이지 않고 유학하기 위해서 장학금 제도를 찾겠다며 유학 설명회에 참가하고 왔습니다. 사실은 영어권으로 가고 싶지만 유학비가 많이 들고 학부생인 자신이 장학금을 받기에는 문턱이 높으니까 중국으로 가겠다며 중국어 교수 2명에게서 추천장을 받아 논문을 쓰고 면접을 봤습니다. 다행히 문부과학성의 추천 범위에 들어서 중국 정부의 장학금을 받을 수 있게 되었습니다. 입학금과 1년이나 2년 치의 수업료가 면제되며, 학생 기숙사에 들어갈 수 있고 얼마간의 생활비도 받을 수 있는 것이었습니다.

도쿄대학교에 휴학계를 내고, 라크로스부와 주간아사히의 아르바이트도 그만두고, 베이징에 있는 청화대학교에 가기로 결정했습니다.

혼자서 가는 중국. "엄마는 짐꾼밖에 안 되겠지만 그래도 같이 가줄 거지?" 하길래 저도 커다란 여행 가방을 가지고 2박 3일 일정으로 베이징에 따라갔습니다. 처음 가는 중국이었습니다.

마쓰리로서는 불안이 가득한 생활이 시작되었습니다. 중국의 대학은 아침 일찍부터 저녁 8시까지 수업이 있고 학생들은 엄청나게 공부를 한다고 했습니다. 음식도 입에 안 맞고 중국어도 모른다고 울면서 전화했습니다. 대학에서는 영어 수업만 이수하고 중국어를 익히기 위해서 따로 어학원에도 다닌다고 했습니다. 그런 마쓰리를 자원봉사 활동하는 청화대학교 학생이 도와주었습니다.이 학생은 마쓰리가 세상을 떠난 후 성묘를 와 주었습니다. 유학생 기숙사의 룸메이트로 싱가포르에서 온 여학생과 그의 친구도 마쓰리에게 든든한 버팀목이 되어 주었다고 합니다이 여성은 작년 기일에 시즈오카까지 조문을 와 주었습니다.

중국어도 "토론 때는 내가 맨 처음에 발언해. 일본어학과의 보조교사를 맡았어. 일본어학과의 중국인 학생과 서로의 수업을 청강해서 서로 가르쳐 주니까 실력이 점점 좋아지고 있어."라고 했습니다.

베이징에서도 친구가 많이 생긴 것 같습니다. 현지에 체류하는 일본인 농구팀에 들어가 상하이, 홍콩을 비롯해 중국 각지를 돌며 경기했다는 이야기도 해주었습니다.

반년이 지났을 무렵에는 중국어로 수업도 이수할 수 있게 되고, 중국어 검정 HSK 6급에도 합격했습니다. 힘들었지만 열심히 노력해서 좋았다고 했습니다.

포기하지 않고 취득한 중국어 자격 등 베이징에서의 경험이 커다란 자신감이 되었다는 것을 나중에 취업 준비할 때 이력서에 이렇게 썼습니다.

'학업과 인간관계에서 처음으로 겪은 커다란 좌절이었다. 중국어에 대한 열등감으로 처음에는 거의 발언하지 못했던 수업의 팀별 과제에서도 중요한 역할을 맡을 만큼 배짱이 생겼다. 목표를 향해서 스스로 결단하고 주체적으로 해결해 가는 추진력이 생겼다.'

유학 중에 취업 준비도 해야 하니까 이력서를 보내 달라고 했습

[사진 22] 환경문제에 관심을 가져 베이징 교외의 나무 심기 작업에 참가했습니다.(2013년)

니다. 입사 지원서를 쓰기도 하고 인터넷에서 기업 연구나 인턴십 신청도 했던 것 같습니다.

유학 시절에 쓴 노트에 '나는 장래에 어떤 인간이 되고 싶은지 어떻게 살고 싶은지 항상 생각하고 있다. 사람은 언제라도 바뀔 수 있다. 피하지 않겠다.', '행복하게 살기 위해서'라고 쓰여 있었습니다.

초등학교 때부터 계속 열심히 노력해온 마쓰리. 여름방학이나 겨울방학에 할머니 댁에 가서도 공부만 하는 마쓰리가 걱정돼서 할머니는 "너무 열심히 하지 마라.", "그렇게까지 공부만 하지는 말거라." 하셨습니다.

지금 되돌아보면 '그렇게 열심히 했어도 결국 행복해지지 못했는데 차라리 애쓰지 말고 살았으면 좋았을 텐데.' 하고 생각합니다.

대학 졸업, 덴쓰 입사

2년으로 연장 가능한 유학을 예정대로 중국어 검정 6급을 취득했기 때문에 1년으로 끝내고 귀국했습니다. 여름방학 때에는 운전면허를 따면서 지내고 도쿄대학교 3학년에 복학하여 본격적인 구직 활동과 기업 연구, 인턴 근무도 시작했습니다.

새해가 되자 적극적으로 졸업생 선배들을 찾아가서 조언을 구한 상황도 취업 준비 노트에 남아 있습니다.

일류 기업에 취직한 경험이 없는 저는 막연히 화이트 기업[3]에 취직하면 좋겠다고 했습니다. 상사나 유명 제조 회사에 들어가면 좋겠다고 말했습니다. 하지만 마쓰리의 인생이고 여태까지 마쓰리 스스로 자신의 길을 결정해왔습니다.

"내가 되고 싶은 내가 될 거야." 이때도 그것을 지지하는 것만이 엄마의 역할이라고 생각했습니다.

마쓰리 자신은 대학원에 진학하는 친구가 부러우면서도 빨리 자립해야 한다고 생각했습니다.

---

3. 종업원에게 양호한 직장환경이 확보되어 있는 기업. 블랙기업의 대의어

[사진 23] 도쿄대학교 졸업식 날(2015년 3월)

상사, 부동산, 증권회사, 신문사……. 자기 적성에 맞는 것은 어떤 회사인지. 자기는 어떤 회사에서 일하고 싶은지. 졸업생 선배를 방문하여 조언을 듣고 입사 원서를 냈습니다.

3월 중에 면접이 시작되고 덴쓰에서 비공식적으로 '채용 예정' 통보를 받았다고 기뻐하며 저에게 연락했습니다. 도쿄대학 친구들 사이에서도 인기 있는 회사였습니다.

저는 덴쓰에 대한 평판을 인터넷에서 찾아보았습니다. 그것은 너무나 걱정스러운 것이었습니다. 연봉은 많지만 격무에 시달린다는 평판이었습니다.

1991년에 과로자살을 한 오시마 씨의 일도 나와 있었습니다. 저는 근무 조건이 좋은 화이트 기업에 들어가면 좋겠다고 말했습니다만, "졸업생 선배도 멀쩡하게 일 잘하고 있고 난 괜찮아. 엄마가 일을 그만두어도 생활할 수 있도록 생활비를 보내줄 수 있을 거야.", "결혼해서 아이가 생기면 엄마가 길러 줘. 도쿄에서 함께 살자."라고 했습니다.

마쓰리는 어렸을 때부터 많은 난관을 스스로 극복해 왔기 때문에 이번에도 마쓰리와 저는 괜찮다고 생각했습니다. 마쓰리의 이력서에는 '역경에 강하다. 강인한 스트레스 내성. 안 되는 이유를 찾아서 불평을 하는 게 아니라 강한 신념을 가지고 노력하면 해결할 수 있다는 것이 나의 신조다.'라고 적혀 있었습니다.

그리고 4학년이 된 4월 3일, 덴쓰에 공식적으로 '입사 내정'되었습니다.

졸업하면 함께 여행하는 게 쉽지 않을 거라 생각되어 가족 여행을 갔습니다. 태국 여행과 야쿠시마屋久島에 있는 미야노우라다케宮之浦岳 등산을 함께 했습니다. 친구와는 홍콩, 상하이, 하와이와 프랑스, 미국에 여행을 갔습니다. "엄마도 모시고 가고 싶어. 언제 같이 가."라고 했습니다.

입사가 일찍 내정된 마쓰리는 학술 논문을 내는 출판사에서 아르바이트를 하면서 내정자 연수 과제도 처리했습니다. 졸업논문을 끝내고 이듬해인 2015년 3월 도쿄대학교를 졸업했습니다.

졸업하기 조금 전 어느 날의 일입니다. 제가 퇴근하고 돌아오자 마쓰리가 집 밖에서 기다리고 있었습니다. 제 생일을 축하해 주기 위해서 갑자기 시즈오카에 온 것입니다. 이런 카드를 가지고 말입니다.

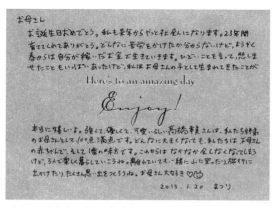

[사진 24] 생일 카드의 손글씨 사진

엄마, 생신 축하드려요. 저도 드디어 사회인이 되네요. 23년간 길러 주셔서 고마워요. 엄마를 얼마나 고생시켰는지 다는 모르지만 봄부터는 차츰 제가 번 돈으로 살아갈게요. 심한 말을 해서 슬프게 한 적도 있었지만 저는 엄마의 딸로 태어나서 너무나 기뻐요. ……중략…… 아무리 자라도 우리는 엄마의 아기들이고 그리고 철저하게 엄마 편이에요. 앞으로는 쉽게 만나기 어려워지겠지만 셋이서 사이좋게 살아가요. 떨어져 있어도 같이 산에도 가고 여행도 하고 추억을 많이 만들어요. 엄마, 사랑해요.

2015년 1월 20일 마쓰리

마지막 나날

2015년 3월, 대학 졸업식을 마치고 덴쓰의 신입 연수 기간에 사용하는 기숙사로 이사했습니다. 그리고 4월 1일 덴쓰홀에서 입사식이 열렸습니다.

1개월의 신입 사원 연수가 시작되었습니다. 매일 저녁 6시쯤이

되면 "엄마, 일 끝났어?" 하며 전화해서 근황을 전해 주었습니다.

연수가 정시에 끝난 후에 아이돌 그룹 콘서트에 따라간 것. 라디오 CM 아이디어가 채택되어 방송된 것. 과제 경합을 위해서 반별로 아이디어를 모아 주말에 모여 계획을 세운 것. 마쓰리네 반이 최우수상 표창을 받은 것 등입니다.

"덴쓰의 유명 기획 담당자한테 아이디어를 여러 번 칭찬받았어." 하며 기뻐했습니다.

마쓰리는 회사에 입사할 때 다음과 같이 포부를 밝혔습니다.

"일본 최고 기업인 덴쓰에서 나라를 움직일 만한 여러 가지 콘텐츠 작업에 참여하고 싶습니다."

"사람들과 밀접하게 소통을 하며 의견과 이해를 조정해 가는 것이 사교적이고 책임감 있는 저에게 딱 맞습니다. 글쓰기도 자신 있고요."

하지만 5월에 배속된 곳은 디지털 광고국DMB국이었습니다. 신입 사원은 7개 직종 중 어딘가에 배속되는데 디지털 비즈니스 일은 마쓰리의 희망 순위 중 가장 하위였습니다.

6월에 디지털 어카운트부에 배속되어 연수가 시작되었습니다.

마쓰리가 세상을 떠난 후에 동료와 선배들은 마쓰리가 매우 우수했다고 입을 모았습니다.

"과제 경합 아이디어도 전부 마쓰리의 아이디어였어요."

"모든 부서에서 마쓰리를 데려가고 싶어 했어요."

"업무를 빨리 익혔어요. 광고주 단독 면담도 다른 사람보다 빨랐어요."

[사진 25] 첫 보너스로 니혼바시에 있는 레스토랑에 초대(2015년 6월)

이런 이야기를 듣고 마쓰리가 한눈팔지 않고 온 힘을 다해 일을 해냈구나하고 새삼 생각했습니다.

엄마가 좋아한다면서 8월에는 가이코마가타케甲斐駒ヶ岳라는 산에, 9월에는 바쁜 가운데도 시로우마핫포白馬八方에서 가시마야리가타케鹿島槍ヶ岳까지 2박 3일을 함께 등반했습니다. 그런데 그때 마쓰리는 이렇게 토로했습니다.

"일이 힘들어. 지금은 수습 기간이니까 기본적으로 연장근로는 막차를 탈 수 있을 때까지 하지만, 10월에 정식 채용이 되면 연장근로 시간에 제한이 없어지기 때문에 두려워."

10월 18일의 '덴쓰 디즈니 패밀리 데이'에 초대받아 갔을 때 놀이 기구를 타려고 줄을 서서 "회사 일이 고달퍼. 잠을 못 자는 게 고통스러워. 이 정도로 힘들 줄은 생각 못 했어. 잠을 안 재우는 고문

이야. 그만두든지 휴직하든지 내가 알아서 결정할 테니까 엄마는 가만있어."라고 했습니다.

SNS에는 회사에서 늦게까지 연장근로를 하기 때문에 고통스럽다는 상황이 적혀 있었지만, 마쓰리는 자기가 여러 사람에게 상담해서 어떻게든 한다고 했기 때문에 괜찮을 거라고 생각했습니다.

11월 6일에 과로사방지센터에 실려 있는 오시마 씨의 최고재판소 판결 기사를 보내고는 "이렇게 될 것 같아."라고 썼기에 "죽을 정도라면 그만둬야지! 덴쓰는 격무 랭킹 1위야."라고 회답을 했습니다.

11월 10일에 "다음 주에 부서 이동을 할 수 있을지 여부를 국장과 교섭해 보겠다. 안 되면 그만두겠다. 모든 방법을 다 써 보겠다."라고 했습니다.

11월 13일에 "여러 가지 일로 쉬기로 했다. 노조 임원과도 상담했고 11월 6일에 인사 담당자와 면담하고 부장과도 면담했다."고 했습니다.

11월 26일부터 29일까지는 제 수술 건으로 간병을 하느라 쉬었지만 12월이 되자 또 국회와 부회 준비도 병행해야 한다며 휴일을 반납하고 일했습니다.

12월 13일, 같이 뮤지컬을 보자고 해서 전날 밤에 제가 덴쓰 본사가 있는 시오도메까지 갔습니다. 토요일인데도 막차 시간 가까이 일이 끝나지 않아 저만 먼저 사택으로 갔습니다. 다음날에는 뮤지컬을 본 후에 동기 사원과 만나서 국회 때 쓸 프로모션 비디오 촬영을 도왔습니다. 일요일인데도 동기 사원은 회사로 갔습니다.

다음 주인 17일에는 심야까지 일을 하고 18일 오전 3시 54분에 플랩 게이트를 통과해서 퇴근했습니다. 18일 밤에는 회식 진행에 대해 꾸중을 들으며 반성하는 시간을 가져야 했습니다.

12월 19일에 저는 볼일도 있고 해서, 반찬을 만들어 마쓰리를 찾아갔습니다. 출근한다면서도 일어나지 못하고 자고 있었습니다. 침대에서 제대로 자면 못 일어나니까 휴대전화를 손에 들고 소파에 앉아서 잔다고 했습니다. 저는 밀린 빨래와 방 청소를 했습니다.

이 무렵 마쓰리가 놓여 있던 고통스러운 상황에 대해서는 근무 실태를 포함해서 가와히토 변호사님이 제1장에서 자세히 써 주셨습니다.

"연말에는 집에 가니까 온천에도 가고 엄마와 같이 지내자." 그랬는데, 12월 25일 아침에 "내가 가장 사랑하고 소중한 엄마, ○○동생, 모모고양이, 안녕. 고마웠어.", "안녕. 엄마, 엄마를 탓하지 마세요, 최고의 엄마니까."라는 메시지가 와서 깜짝 놀라 전화를 했습니다.

"죽으면 안 된다. 회사, 까짓것 때려치워 버려." 하니까 "응, 응." 하며 듣고 있었습니다.

'이제 곧 휴가니까, 마쓰리가 집에 오면 이야기할 수 있으니까.'라고 생각하며 출근한 저에게 후카가와深川 경찰서에서 전화가 왔습니다. 수화기를 통해서 들려오는 상황에 머릿속이 새하얘졌습니다.

크리스마스 조명으로 반짝이는 도쿄의 거리를 달려서 경찰서로 가면서 영원히 도착하지 않았으면 좋겠다고 생각했습니다.

경찰서 안치소에서 만난 마쓰리의 얼굴이 말끔해서 마치 자고 있는 것 같았습니다.

남겨진 휴대전화의 기록에서

사정을 청취한 경찰관에게서 자살 원인에 대한 질문을 받고, "일 때문이에요. 그동안 마쓰리와 주고받은 내용을 보면 알 수 있어요." 하고 확실히 말했습니다. 그 뒤, 고통스러운 일이었지만 마쓰리의 휴대전화를 살펴보았습니다. 동료와 선배 그리고 친구들과 주고받은 메시지들을 보고 제가 알고 있는 이상으로 지독했던 상황과, 마쓰리가 덴쓰에서 얼마나 궁지에 몰려 있었는지를 알게 되었습니다.

6월 30일 화요일.

"역시 도쿄대 출신은 밥맛이야, 명문대 출신이라 별나군, 따위의 조롱을 밥 먹듯이 해."

7월에는 이런 고통스러운 상황을 적어 놓고 있었습니다.

"회사 사람이 표변해서 무서워."

"연장근로를 하지 말라면서 신입 사원은 죽도록 일하라든가 그 밖에도 불합리한 말을 잔뜩 들어서 어쩌란 말인지 모르겠어요."

"캐릭터도 놀림당하는 캐릭터고 괴로워."

"연장근로 시간은 70시간까지만 적으라네요. 부장이 자기 젊었을 때는 사내에서 음식물을 섭취한 것으로 썼다면서. 부회 때 한 말 녹음해 뒀더라면 좋았을 텐데요."

"증거를 잡아 놓아야 된다고 생각해. 플랩 게이트를 통과한 시간은 움직일 수 없는 증거야"선배의 말.

"선배가 몸이 안 좋아 쉬었을 때, '그 인간 또라이 아냐? 출근하면 패 줘야겠군.' 하는 말을 듣고 '상사는 어떤 경우에도 우리를 안 지켜 주는구나. 이게 계속될 바에야 차라리 죽고 싶다'는 생각이 들기 시작했어요. 길을 걸을 때 자꾸만 죽기에 적당한 육교를 찾고 있는 걸 깨달았어요. 지금 이런 상탭니다."

"하루에 20시간 정도씩이나 회사에 있다 보니 이제 무엇을 위해서 사는지를 알 수 없어서 헛웃음이 나오네."

마쓰리는 다른 부서의 선배에게 '연장근로 아가씨'라는 별명으로 불리며 걱정을 들었습니다. 같은 부서의 선배나 동료도 같은 상태에서 일하느라 건강이 나빠졌기 때문에 "몸이 다 망가지기 전에 무슨 수를 써야지 안 되겠어." 하고 마쓰리가 오히려 동기를 다독여 주었습니다.

덴쓰를 퇴직한 선배에게 "실은 올해 덴쓰에 입사해서 날마다, 있을 수 없을 만큼 많은 시간을 일에 매달려 있어요. 우리 회사에 흔히 있는, 매주 주말 반납을 요구하는 근무 방식과 정신적 학대를 일삼는 상급자에게 적응이 안 돼서 이동이나 퇴직을 생각하고 인사 담당자와 상담 중이에요. 그만두고 결혼한다, 전직한다, 유학한다, …… 여러 가지로 생각하고 있는데 지금은 이동도 못하고 상급자한테 되레 원한을 사면 어쩌나 하는 생각이 드니까 무서워서 아무것도 할 수 없는 상태예요." 하고 휴대전화 메일을 이용해 상담했습니다.

노조 활동을 하는 선배와도 상담하고, 용기를 내서 인사 담당자와도 상담을 했는데, 일시적으로는 조치를 취해 준 것 같았습니다만, 마치 일을 줄여 줄 것처럼 해 놓고 12월에는 36협정의 특별 조항을 내밀었습니다.

12월에도 퇴근은 아침에 했습니다. 상사나 인사 담당자나 마쓰리의 근무 상황을 보고도 못 본 척하고 아무런 지원도 하지 않았습니다. 노조 임원분 중에는 마쓰리에게 정성껏 조언을 해 준 분도 있었습니다만 노동조합 조직으로서 마쓰리의 근무 상황을 개선하는 활동은 해 주지 않았습니다.

마쓰리의 휴대전화에서 시간수열로 일의 상황을 밝혀내서 진술서를 만들었습니다. 지역 노동기준감독서에 상담하러 가서 무료 변호사 상담을 받았습니다. 거기서는 "산재 신청에 협력해 달라고 회사에 요청하라."는 말을 들었습니다. 그러나 덴쓰의 인사 담당자와 상사는 마치 마쓰리가 제멋대로 회사에 남아 있었던 것처럼 무책임하게 말했습니다.

"신입 사원으로서는 퀄리티 높은 일을 해내니까 기대하고 있었다. 연장근로도 위계에 의한 괴롭힘도 인지하지 못했다. 연장근로를 신청하지 말라는 지시는 하지 않는다. 협정 이상의 근무는 지시하지 않는다. 실제로는 업무량을 파악하지 않았다."

세상에 실명으로 공표

그때 오시마 씨 사건에서 최고재판소 재판 때 대리인을 맡았던 가와히토 변호사님께서 현역으로 계시다는 것을 알고 조력을 구하기로 했습니다.

[사진 26] 마쓰리

가와히토 변호사님께 그때까지의 마쓰리의 상황을 전하자 바로 이렇게 말씀하셨습니다.

"틀림없이 업무 때문에 우울증이 발병했고 그것이 원인이 되어 죽은 산재입니다. 어머니 탓이 아니에요. 회사 안에서 일어나는 일을 가족이 돕기는 어렵습니다. 많은 사람이 같은 상황에서 죽고 있어요."

저는 오시마 씨뿐만이 아니었다는 것을 알게 되었습니다.

'마쓰리……, 왜 이렇게 돼 버렸지? 엄마가 못 도와줘서 미안해.' 하는 생각이 머릿속에 가득했던 저는 가와히토 변호사님 말씀으로 조금 구원받은 느낌이 들었습니다.

가와히토 변호사님께서 진력을 다해 주신 덕분에 2개월 남짓 기간에 산재 신청을 하고 그 후 전례 없이 빠르게 6개월 후에 산재가 인정되었습니다.

세상에 실명으로 공표하는 일에 망설임은 없었습니다. 소리를 죽이고 딸의 자살을 숨기며 체면을 지킬 이유가 저에게는 전혀 없고, 제가 지켜야 할 것은 마쓰리의 존엄이고, 그것은 세상에 덴쓰의 위법한 행위를 알리는 것이라고 확신했기 때문입니다.

마쓰리는 괴로워하고 고통에 몸부림치고 있었습니다. 도움을 청하고 호소하고 싸우려고 했었습니다.

상담에 응해 주던 동료와 동기도 비슷하게 궁지에 몰리고 있어서 도울 방법을 몰랐습니다. 사교적이고 친구도 많고 소통 능력도 높았던 마쓰리가 왜 만신창이가 될 정도로 상사에게 따돌림을 당해야 했을까. 휴일도 없고 아침까지 회사에 있었는데도 상사는 자기 부하를 지키기는커녕 연장근로를 숨기는 지시를 했던 것입니다. 상사에게 책임이 있는 것은 명백합니다.

마쓰리가 죽기 4개월 전에도 노동감독기준서의 시정 권고를 받았으면서도, 연장근로를 줄이기는커녕 실제보다 적게 신고하여 계속 눈속임을 하고, 사원을 궁지에 몰아넣어 목숨을 빼앗은 회사를 용서할 수는 없습니다.

'불야성'이라 불리던 덴쓰. "우리 연장근로가 도쿄의 야경을 만들고 있어." 했던 마쓰리. 학생 때는 도쿄의 야경을 제일 좋아한다고 했었습니다.

마쓰리가 입사했을 때의 신입 사원 배포 자료 「자랑스러운 덴쓰인이 되기 위해서」에 '위계에 의한 괴롭힘을 바르게 이해합시다. 자기가 유쾌하지 않다고 생각한 경우라도 업무상의 적정한 범위에서 일어난 지도는 위계에 의한 괴롭힘이 아닙니다.'라고 되어 있었습니다. 한편으로는 'work-life balance 추진', '정신 건강 대책을 실시하고 있습니다.' 하고 주장하고 있었습니다. 노동조합의 책자에는 '장시간 노동이나 무보수로 연장근로를 강요당했을 때 당신의 권리가 지켜질 수 있도록 지원합니다.'라고 되어 있었습니다. 노무관리 제도는 일단 형태는 있었는데 기능하고 있지 않았습니다. 마쓰리는 10월 15일 건강진단 때 문진하는 의사에게서, "연장근로가 많고 너무 피곤한 상태라 이대로 두면 죽을지도 모르니까 인사 담당 임원에게 전달하겠다."라는 말을 들었다는데 그 기록은 나오지 않았습니다.

'덴쓰 안의 상식이 인도적으로는 비상식이다.' 그것을 객관적으로 판단할 수 있는 사람이 덴쓰 안에는 없는 것일까요? 마쓰리는 용기를 내서 목소리를 높였는데, 도움을 청했는데 그 목소리는 닿지 않았습니다. 덴쓰의 사풍에 세뇌되지 않은 신입 사원 마쓰리는 극한으로 내몰려갔던 것입니다.

마쓰리가 세상을 떠난 지 이제 곧 2년

마쓰리가 세상을 떠난 지 이제 곧 2년이 됩니다. 마쓰리가 태어나고 나서 날마다 마쓰리를 걱정하고 마쓰리만 생각했습니다. 마쓰리를 잃은 지금도 마쓰리에 대한 생각은 사라지지 않습니다. 마쓰리를 돕지 못한 자책감. 아이를 잃고도 여전히 살아가야 하는 지옥 같은 나날. 평상심으로는 살 수가 없습니다. 그 고통은 아이를 잃은 적이 있는 사람만이 압니다. 아이에 대한 사랑이 깊으면 깊을수록 슬픔이 강하고 벗어날 수가 없습니다.

저도 예전에는 아이를 잃은 사람에게 동정심을 품었습니다. 지금은 슬픔과 함께 공감합니다. 24년 동안 마쓰리와 지낸 소중한 시간은 저에게 보물입니다. 마쓰리와 함께 걸었던 통학로, 함께 지낸 여름방학, 바다, 산, 온천, 안내해 준 캠퍼스, 가구라자카神楽坂, 긴자銀座, 니혼바시日本橋, 몬젠나카초門前仲町. 젊은 여성을 보면 마쓰리의 모습이 오버랩됩니다. 자다가도 마쓰리가 생각나 수없이 깹니다. 일어나서도 마쓰리를 생각하고 있습니다.

마쓰리는 항상 "엄마, 사랑해." 하며 안아주었습니다. 마쓰리의 친구나 지인들을 만날 때마다 "마쓰리는 항상 엄마와 남동생 이야기만 해요. 정말 사이좋은 가족 같아요." 하고 가끔은 부러움을 사는 일도 있었습니다.

저는 기댈 수 없는 엄마이고, 똑 부러지는 마쓰리는 항상 의지가 되어 주었습니다. 제가 모르는 세계에서 꿈을 추구하는 마쓰리의 걸림돌이 되지 않도록 해야겠다고, 최대한 밀어줄 수 있도록 열심히 노력해야겠다고 생각했습니다. 마쓰리가 태어났을 때부터 마쓰리의 행복이 곧 저의 행복이었습니다. 그 행복은 쭉 계속되어야 했는데……. 공부 안 해도 되고 애쓰지 않아도 돼. 살아 있어야 돼.

애쓰지 않아도 돼

"애쓰며 살아온 사람은 계속 애써야 하는 운명인가 봐. 대학을 졸업해도 끝이 아니고 더욱더 일해서 성과를 낼 수 있는 일을 해야 돼. 평생 일해야 해.", "덴쓰맨이라는 자부심만으로 2시간씩만 자고 심신을 소모하면서 경력을 쌓다니 상상할 수 없어."라고 마쓰리가 말했었습니다. 사회에서 활발히 활동하고 싶은 반면에 끝없이 분발해야 한다는 공포를 느끼고 있었습니다.

"엄마처럼 일반 사무직이 좋겠어."라고 말한 적도 있습니다.

'종합직 · 정사원'은 회사에 충성을 다하고, 주어진 이상의 일을 해내기 위해 때로는 무보수로 연장근로를 하고 휴일 근무를 정년까지 끝없이 계속해야 하는 건가요? 신입 사원인데도 곧바로 성과를 내야 하고, 회사에서 성장을 지속적으로 요구받는 건가요?

한편으로 '비정규직 사원'은 경우에 따라서는 정사원 같은 책임과 연장근로가 없는 대신에 그 연봉으로는 생활이 안 된다는 냉혹한 현실도 있습니다.

지금 일본에, 일하는 방식을 재검토하는 움직임이 있는데 정말로 일하기 좋은 직장을 만들려고 하는 것인지, 정말로 사는 것이 즐거움이 될 수 있는 사회를 목표로 하는지 의문입니다.

아직까지도 사람의 목숨을 지키는 대상에서 예외인 업계나 직종이 있습니다. '고도 프로페셔널 제도' 등 새로운 예외를 만들어내려는 움직임도 있습니다.

아직까지도 노동기준법을 남의 일로 여기는 경영자가 있습니다. 당연한 권리를 주장하면 "의무를 다하지 않고 권리만 주장하지 마."라고 합니다.

임금을 지급하지 않는 위법한 연장근로를 사원에게 시키고도 태연한 경영자가 있습니다. 사원의 인격을 부정하고 왜곡된 정신론과 가치관으로 세뇌하는 듯한 연수를 시키는 기업이 있습니다.

많은 과로사 유족과 지지자들이 호소하고 노력하는데도 여전히 일 때문에 죽는 사람이 있습니다.

이런 일본의 기업과 경제구조는 틀렸다고 생각합니다. 이렇게 해서는 일본을 진짜 민주주의 국가라고도 선진국이라고도 할 수 없다고 생각합니다. 소중한 것은 사람의 생명과 존엄입니다. 하루하루의 생활입니다. 경제성장을 위해 생명을 희생하는 시스템은 바꾸기 바랍니다. 지금의 젊은이들이 그런 사회를 바꿔 주기 바랍니다. 위법을 저지르는 기업을 용서하지 말기 바랍니다. 블랙 기업에는 절대로 입사하지 말기 바랍니다. 지금 일 때문에 고통 받고 있는 여러분은 용기 내서 '과로사 110번'으로 상담하시기 바랍니다.

제가 진짜로 바라는 것은 마쓰리가 살아 있는 것입니다. '마쓰리를 돌려주세요!' 하며 울부짖고 싶습니다. 일본 사회와 덴쓰 때문에 마쓰리가 생명을 잃은 것은 절대로 용서할 수 없습니다. 유족의 침묵은 새로운 희생자를 낳는다고 생각합니다. 저는 앞으로도 분노를 담아서 발언을 계속하겠습니다.

마지막으로 가와히토 변호사님을 비롯해서 도움주신 여러분, 마쓰리의 인생에서 마쓰리를 만나 마쓰리를 미소 짓게 해주신 여러분께 진심으로 감사를 드립니다.

3장

덴쓰에 제언하는 개혁안 10가지

어느 과로사

덴쓰와 유족의 2017년 1월 20일부 합의서를 근거로, 2017년 4월 12일 덴쓰홀에서 약 2시간에 걸쳐 연수회를 개최했다. 연수회는 회사에서 똑같은 잘못이 되풀이되는 것을 막기 위해 마련한 것이었다. 연수회에는 새로 취임한 야마모토 도시히로 사장을 비롯해 많은 임원과 관리직 간부가 참석했으며, 또 간사이關西 지방에 있는 지사에서는 영상으로 중계해 지사 간부들이 청강했다.

강연 전체 타이틀은 '덴쓰에서 과로사 재발 방지를 위해-다카하시 씨의 죽음에서 무엇을 배워야만 하는가'로 했다. 강연은 전반과 후반으로 나누어서 했다. 강연 전반에서는 다카하시 마쓰리 씨가 왜 죽었는지를 지적했다. 내가 먼저, 2000년 3월 24일의 일본 최고재판소 판결오시마 이치로 씨 과로사 사건 등 과거에 덴쓰에서 일어난 과로사의 역사를 짚었다. 그러고 나서 나와 다카하시 유키미 씨가 함께 파워포인트로 마쓰리 씨의 스마트폰 기록 등을 보여 주면서 마쓰리 씨가 자살하기까지 경위를 설명했다. 강연 전반 마지막에는 유키미 씨가 재발 방지를 진심으로 호소하며 유족의 심경을 전했다.

잠시 휴식한 뒤, 강연 후반에서는 내가 '희생이 반복되지 않으려면 어떤 개혁이 필요한가 -10개항 제언-'에 대해서 말했다. 강연 전반 부분은 본서 제1장, 제2장에서 거의 다루었다. 제3장에서는 강연 후반 부분을 수정한 것과 사실관계나 자료를 약간 보충해서 기술했다.

이 강연은 직접적으로는 덴쓰에 보내는 개혁안 내용이다. 하지만 분명히 다른 기업에도 공통되는 부분들이 상당히 있을 것이다. 그러므로 덴쓰 관계자 이외의 분들에게도 참고가 됐으면 좋겠다.

1. 적정한 업무량과 적정한 인력 배치

지금부터 직장 개혁에 대해 제가 문제 제기를 하겠습니다. 희생이 되풀이되지 않으려면 어떤 대책이 필요한지 10개 항목을 제언합니다.

회사에서는 작년 말 이후, 여러 가지를 개혁하기로 결정하고 이미 실시한 것도 적지 않을 것입니다. 앞으로 말씀드릴 내용에는 이미 실시하고 있는 사항도 포함돼 있을 것입니다. 그중에서도 제가 특히 강조하고 싶은 10개 항목을 말씀드리겠습니다.

먼저 첫째로 적정한 업무량 조정과 적정한 인력 배치에 대해서 말씀드리겠습니다.

과로사 사건을 30년 동안 맡으면서 깨달은 것은, 모든 직장에는 일이 많은 데다, 특히 과로사가 발생하는 직장에는 그 나름대로 제각기 특별한 이유가 있다는 것입니다.

구체적으로 살펴보면, 신규 개발 부문, 업적에 문제가 발생하거나, 또는 특별히 업무에 다급한 일이 생긴다든지 하면 과로사가 많이 발생한다는 것입니다. 회사 임원이나 간부 여러분은 특히 이런 부서들을 눈여겨보시고 특단의 배려를 해주시기 바랍니다.

저는 30여 년 전에 미쓰이三井물산에서 구소련을 담당하던 과장이 과로사한 사건이시이 준石井淳 씨가 1990년 7월 급성심근경색으로 사망, 나중에 중앙노기서가 산재로 인정함을 담당한 적이 있습니다.

그가 사망한 것은 페레스트로이카가 시작된 때였습니다. 미쓰이 물산은 세계적인 종합상사여서 당연히 외국 출장이 잦고, 시차도 있어 야간근로도 많았습니다. 상사처럼 국제 거래가 있는 직장에서 과로사가 발생하는 사례에서는, 일반적으로 외국 출장이나 야간근로가 종종 일어나기 마련입니다. 그러다가 어떤 계기로 세계정세에 변화가 생기면 평소와 달리 집중적으로 업무가 쏟아집니다. 그때 회사가 인원 보충 대책을 세워주지 않아 종래 한정된 인원으로 대처해야만 하는 상황이 벌어집니다. 그런 상황에서 무리가 생기고, 마침내 과로가 쌓여 쓰러지게 됩니다.

이시이 씨의 경우도 페레스트로이카가 시작되자, 모스크바 출장이 더욱 잦아졌습니다사망하기 전, 10개월 동안 총 103일 외국 출장. 또 일본에 오는 러시아 고객들과 그들이 방문하는 기계 회사 사이의 통역과 접대 업무를 수행했습니다. 약 1주일간의 일정을 끝낸 후에 일본에 온 러시아인들이 모스크바 근처에 살아서 바다를 본 적이 없다며 일본 바다를 보고 싶다고 강력하게 희망했습니다. 그래서 이시이 씨는 더위 속에 아이치현 부근의 해수욕장으로 러시아인을 데리고 가서 접대했습니다. 그리고 그날 한밤중에 비즈니스 호텔에서 돌연사심장사했습니다.졸저『과로사 사회와 일본』1992년 출간 참조

회사 간부 여러분은 이처럼 장시간 노동이나 과도한 노동이 발생하는 직장을 예의 주시하며, 항상 사회의 정세, 혹은 다양한 요인의 변화를 파악해야 합니다. 예를 들어 한 부서에서 갑자기 퇴직하는 사람이 한 명, 두 명 나오는 경우에도 위험이 발생합니다. 적정

한 업무량 조정과 적정한 인력 배치는 일반적으로 기본 원칙이지요. 그런데 특히 지금 말씀드린 것을 충분히 배려하는 것이 과로사를 방지하는데 굉장히 중요한 포인트가 될 거라고 생각합니다.

아시다시피 마쓰리 씨가 맡은 분야는 디지털 광고 분야였습니다. 약 20여 년 동안의 덴쓰 유가증권 보고서를 봐도 디지털 광고 분야에 대한 기술이 나오는 시기는 상당히 시간이 흐른 후입니다. 그 부서는 신규 분야로, 급격하게 수요가 증가하는 분야일 것입니다.

그 부서에서 그녀는 보험회사 광고를 담당하고 게다가 10월 중순부터는 증권회사의 디지털 광고의 안건까지 맡게 됩니다. 그러다 보니 상당히 일이 빡빡해져서, 밤샘 근무와 야간근로 그리고 휴일 출근이 현저해졌습니다.

그리고 텔레비전 광고 등과 다르게 인터넷 광고와 디지털 광고는 마무리가 일단락되지 않는 것이 특징입니다. 일주일간 단위로 거래처에 보고하고 개선과 검토를 거듭해야 합니다. 그러다 보니 끝이 안 보이는 상황이 계속됩니다. 따라서 특히 이런 업무 사이클의 상황에서 적정한 인원 체제를 어떻게 해야 했는지가 이번에 확실히 짚고 넘어갔어야 할 부분입니다.

인원 문제는 디지털 어카운트부에 인원이 줄어서 노동력이 부족했던 것이 분명합니다. 회사로부터 입수한 자료를 보면 디지털 어카운트부는 9월 1일 시점에 합계 14명이었는데, 10월 1일 시점에는 6명이 된 것으로 나옵니다. 여기에는 여러 가지 사정이 있을 거라고 추정됩니다. 하지만 좀 더 고려해야 할 것은 없었는지 정말로 애석합니다.

2015년 9월에 디지털 광고의 업무 부정 사건으로 임원들이 기자 회견을 열어 사죄하는 중에 "담당 부서는 항시 일손이 부족했다."는 설명이 있었습니다.

여기서 말하는 담당 부서는 필시 디지털 부문 전체를 가리키는 거라고 생각합니다. 여하튼 디지털 관계 분야에서 인력 배치의 적정성 여부 시비는 과로사 문제만이 아니라 부정 문제의 발생도 충분히 따져봐야 할 사안이라고 생각합니다.

저는 다양한 과로사 사건을 담당하다 보니 인터넷 세계를 대상으로 하는 노동이 얼마나 엄중한지 매일 실감하고 있습니다. 마쓰리 씨가 사망하기 전에 도쿄도 도내에 있는 디지털 광고 관련 회사에 입사한 젊은 여성이 과로사로 사망한 일이 일어났습니다. 심야까지 이어진 장시간 노동이 그 원인인데 노기서에서 산재로 인정했습니다.

그러한 의미에서 디지털 부문이라는 것은 덴쓰만의 문제라기보다 고질적인 문제라고 생각합니다. 부디 앞으로 디지털 광고 분야의 노동환경 개선과 인력 배치에 대해 신중히 헤아리고 검토해주시기 바랍니다.

2. 신입 사원을 황폐하게 하는 간친회와 반성회를 폐지하거나 근본적으로 개선할 것

마쓰리 씨는 원래 업무에다가 소속된 국과 부서의 회식 같은 간친회가 잦아서 심신의 피로가 매우 증폭됐습니다.

특히 12월 18일, 마쓰리 씨는 기존의 자기 업무로 매우 바쁜데도 부 회식의 간사를 맡아 준비하고, 게다가 회식이 끝난 후에는 한밤중까지 그에 대한 반성회가 열려 매서운 지도를 받았습니다. 마쓰리 씨를 정신적으로 또 육체적으로 핍박했다는 사실이 우리의 조사에서 명확하게 드러났습니다.제1장 41쪽 참조

제가 유독 놀란 점은 마쓰리 씨가 남긴 메모에 2차 회식을 '2~3건 예약해둘 것'입니다. 그리고 '아무 일도 없었던 것처럼 취소.', '가명과 거짓 전화번호 사용'이라고 쓰여 있는 점입니다. 이것은 반성회가 끝나고 나서 그녀가 작성한 반성 보고서를 읽은 선배가 지적한 내용을 마쓰리 씨가 메모한 것으로 보입니다.

메모에는 '회식은 연습'이란 글도 적혀 있는 것으로 보아 업무로서 지도를 받고 있었던 것입니다.

이러한 회식이나 간친회를 진행하는 방법이 직무로서 그렇게 중요하다면 그것은 본래 정해진 근무시간 내에 해야 하는 것이지, 한밤중인 11시, 12시, 새벽 1시에 반성회를 할 정도의 문제는 아닐 터입니다.

또 식당 예약 때 가명과 가짜 전화번호를 사용하라는 것은 언어도단입니다. 이것은 위법 행위를 강요하는 것으로 형사 범죄에 해당하는 위험성도 있다고 보입니다.

여러분에게 묻겠습니다. 21세기 세계의 광고 산업을 리드하겠다는 덴쓰의 신입 사원 교육은 대체 무엇입니까? 간친회의 여흥 내용이나 2차 회식 장소 선정입니까? 연수에 걸맞은 더 중요한 테마

가 얼마든지 있지 않겠습니까? 제한된 시간 안에서, 신입에게 연수시킬 것은 무엇이고 무엇을 배우게 할 것입니까? 그런 것들을 부디 개선해 주시기 바랍니다.

3. 위계에 의한 괴롭힘과 성희롱을 낳는 토양을 없앨 것

'위계에 의한 괴롭힘과 성희롱을 낳는 토양을 없앨 것'에 대해 말씀드리겠습니다. 이것은 앞에서도 언급했던 부장의 말을 가리키는데요. 그 외에 '여자다움'에 대한 이야기가 종종 나옵니다. 남자 상사가 '여자다운' 어쩌고 하는데, 웃자고 말하는 거겠지만 참는 데도 한계가 있다고 한 것에서, 말하는 쪽은 '여자답다'라는 말을 무심코 쓰겠지만, 여성 쪽에서는 참기 힘든 경우도 많습니다. 요컨대 그것은 성희롱이라는 점을 꼭 철저히 해주시기 바랍니다.

이번 경우를 포함해서 제 평소의 생각인데요. 부하를 괴롭히는 경우를 보면 상사 자신이 황폐해 있는 것은 아닌지. 혹은 상사 자신이 위 상사에게서 괴롭힘을 받고 있는 것은 아닌지, 그 점이 문제라고 생각합니다. 결국 요즘 어느 기업이나 마찬가지지만 중간 관리직의 황폐함을 어떻게 해소시켜 주는가가 직장 내 괴롭힘을 없애는 열쇠가 될 것입니다.

이것은 개인적인 속성으로 치부해서는 안 됩니다. 그 사람은 원래 입이 거칠다든가 그런 문제가 아닙니다. 위계에 의한 괴롭힘이라든가 성희롱에는 그것을 유발하는 직장의 토양이란 게 있습니다.

그런 직장의 토양과 그런 조건을 어떻게 해소해나가야 할지를 임원 여러분이 생각해주셨으면 합니다.

과거 오하라 레이코大原麗子 씨가 나오는 광고에 '피곤하면 나긋 나긋해질 수가 없어요.'라는 문구가 있던 걸로 기억합니다. 또 구토 유키工藤夕貴 씨의, 이것은 필시 여러분의 회사에서 만든 것으로 생각됩니다만, '내가 피곤하면요, 타인에게 친절 같은 거요? 그런 거 안 돼요.'라는 JR도카이東海철도 광고가 있었지요.

저는 이러한 광고에는 의미심장한 면이 있다고 생각합니다. 실제로 저 자신도 피곤하면 짜증이 나니까 젊은 변호사나 직원에게 패심한 말을 해서 나중에 반성하는 일이 많습니다.

직장에서 타인을 괴롭히는 언동을 하지 않으려면, 자신이 일상의 피로를 해소하는 방법을 생각해 그 조건을 만들어 가는 것이 중요합니다.

또 하나 종종 있는 나쁜 패턴입니다만, 문제가 있는 상사를 실적이 좋다고 해서 방치하는 것입니다. 이런 일은 있어서는 안 됩니다. 설령 그 상사가 '일 잘하는 인재'라 해도 그 상사가 지위를 이용해 부하를 괴롭히면, 부하가 피해자가 되는데다가 더 나아가 직장 전체가 스트레스에 휩싸이게 됩니다. 이런 것을 잘 눈여겨봐야 한다고 생각합니다.

닛켄화학日研化学이라는 제약회사의 계장이 부하를 괴롭힌 사건이 있었는데, 도쿄지방재판소가 2007년 10월 15일에 상사의 괴롭힘으로 인해 자살한 부하의 사망을 산재로 인정한다는 판결을 내렸습니다.피고인 정부가 항소하지 않아서 확정 계장이 "네 존재가 눈꼴사

나워", "월급 도둑", "휘발유 값도 아깝다." 등 매도한 사실을 유서에 남기고 사망한 가슴 아픈 사건입니다. 이 판결은 후에 후생노동성이 위계에 의한 괴롭힘 문제에 본격적으로 나서는 중요한 계기가 됐습니다.

그 계장은 전부터 폭언을 심하게 해서 사내에서 문제가 된 인물이지만 실적이 좋았기 때문에, 그 언동을 방치한 것입니다. 사망 사건이 발생한 후 같은 회사의 동료 대표 4명이 유족을 찾아가, "이번 일은 진심으로 죄송합니다. 같은 나고야 지점에 속해 있으면서도 이러한 결과를 맞이하게 돼서, 뭐라고 사죄의 말씀을 드려야 할지 모르겠습니다."라며, 26명이 연명한 사죄문을 전했습니다. 동료들은 계장의 언동에 문제가 많은 것을 알면서도 방치했음을 솔직하게 사죄했습니다.졸저『과로자살 제2판』_이와나미신서, 50쪽 참조

'숫자가 인권'이라는 말을 들은 적이 있습니다. 한 증권회사의 젊은 사원이 제게 "우리 회사는 숫자가 인권입니다"라고 말했습니다. 무슨 뜻인가 하면 숫자실적를 올리지 못하면 자신들의 인권이 보장받지 못한다. 휴가를 받지 못한다. 연장근로를 해야만 한다. 게다가 때리고 발로 차는 폭력을 당할 때도 있다. 그래도 숫자만 올라가면 휴가도 받고 연장근로를 하지 않고 빨리 귀가할 수 있다. 그런 것을 가리켜 자기 직장에서는 '숫자가 인권'이라고 한다는 것입니다.

이 증권회사뿐만 아니라 일본의 직장에 적든 많든 이런 분위기가 있다고 생각합니다. 이런 것이 만약 덴쓰에도 있다면 바로 잡아주시기 바랍니다.

4. 덴쓰만의 독특한 문제점을 철저하게 찾아내서 개선할 것

덴쓰만의 독특한 사풍의 문제점을 철저하게 찾아내서 개선해야 합니다.

앞에서 어머니가 〈연차의 벽은 바다보다도 깊다〉는 것에 대해 마쓰리 씨가 한탄했다는 이야기를 했습니다. 마쓰리 씨가 살아 있을 때, "연차의 벽은 바다보다도 깊다'는, 마치 옛날 마을 규범 같은 사풍을 잊고, 나이가 비슷한 선배에게 스스럼없이 말했다가 그 선배가 화를 냈고, 내 영혼은 또 상처 받았다.'고 SNS에 썼습니다.

덴쓰에서는 시대착오적인 수직적 지배가 일어나고 있는 것은 아닌지요. 일반적으로 후배가 선배를 존중하고 존경하는 것은 중요하지요. 그것을 추호도 부정하려는 게 아닙니다. 단 덴쓰에서는 후배가 선배를 존중한다는 차원과는 전혀 다르게 후배를 불합리하게 지배했던 것은 아닐까 싶습니다.

그동안 사훈인 '귀신 10칙'은 문제시 돼 왔습니다.본서 52쪽 사진은 마쓰리 씨의 수첩 저는 오시마大嶋 씨의 사건을 다룬 최고재판소 법정에서 '귀신 10칙'이 지니는 문제점을 호소했습니다. 특히 문제는 제5항 문구입니다. '붙잡으면 놓지 마라. 목에 칼이 들어와도 놓지 마라. 목적을 완수할 때까지는….' 저는 이 표현은 과도한 정신주의를 강요하는 것이라고 말해왔습니다.

여러분도 아시는 바와 같이 '귀신 10칙' 속에는 제1항처럼, 말하자면 크리에이티브 정신에 입각해 일은 스스로 '만들어야 한다'는 것처럼 충분히 가치가 있는 것도 일부 포함돼 있지만, 21세기 직장

118

에서는 심히 유해하다고 저는 생각합니다. 젊은 세대의 감성을 더욱 소중히 하는 새로운 행동 규범을 만들어내는 것은 어떤지요. 그것은 과거의 사장이 만든 중요한 유훈이겠지만, 현대 21세기에 어울리는 새로운 행동 규범을 생각해 검토하는 것은 어떨까 생각합니다.

그런데 고등학생이 '천사 10칙'을 만든 게 있습니다. 소개해보겠습니다.

저는 2017년 2월에 도쿄도 도내에 있는 도쿄 학예대학 부속고등학교에서 강의한 적이 있습니다. 이것은 후생노동성의 과로사 방지를 위한 계발 활동의 일환으로 2학년 학생 전원이 대상입니다.

강의 전에 학생들이 다양한 과로사의 문제점을 조사하여, 학생 대표 10명 정도가 차례로 제게 질문하는 형식으로 진행했습니다. 그때 학생들과 저는 다양한 대화를 하고 토론했습니다. 그리고 그 모습을 니혼테레비 방송국 등이 자세하게 보도했습니다.

그 특별 강의가 끝난 후에 학생들이 감상을 정리해서 손으로 직접 신문을 만들었습니다. 그 중 한 그룹이 만든 신문 속에 '천사 10칙'이 있었습니다.

구체적으로 소개하면,

'일은 스스로 만들어야 하고 휴가도 스스로 만들어야 한다.'

'휴가는 능동적으로 또한 수동적으로 얻어내는 것이기도 하다.'

'큰일을 붙잡아라. 그리고 많은 사람들과 함께 서로 도와야 한다.'

'어려운 일에 도전해라, 그리고 협력해서 그 일을 이루어낼 때 진보가 있다.'

그리고 문제의 5번째 항목인데,

천사 10칙(어느 고등학생들이 직접 만든 신문에서)

1. 일은 스스로 만들어야 하고 휴가도 스스로 만들어야 한다.
2. 휴가란 능동적으로 또한 수동적으로 얻어내는 것이기도 하다.
3. 큰일을 붙잡아라. 그리고 많은 사람들과 같이 함께 서로 도와야 한다.
4. 어려운 일에 도전해라. 그리고 협력해서 그 일을 이루어낼 때 진보가 있다.
5. 붙잡으면 놓지 마라. 한 번은 포기해도 좋으니 놓지 마라. 목적을 완수하는 길
   은 하나가 아니다.
6. 주위 사람들에게 말을 걸어라. 대화를 주고받는 것이 업무를 향상시키는 열쇠
   다.
7. 목표를 가져라. 장기 목표를 정하면, 과정을 유연하게 바꿀 수 있고, 그리고 올
   바른 노력과 희망이 생길 수 있다.
8. 자신감을 가져라. 네가 맡은 업무에는 박력도 끈기도 그리고 깊이까지, 모두
   다 있다.
9. 머리는 늘 풀가동 시켜라. 다방면에 신경을 써라. 어디에 작은 틈을 만들까를
   주시해야만 한다. 서비스를 향상시키는 것은 그 작은 틈이다.
10. 사직서 내는 것을 무서워 마라. 사직은 진보의 어머니, 적극성의 밑거름이다.
    이직은 너의 인생을 풍부하게 해준다.

'붙잡으면 놓지 마라. 한 번은 포기해도 좋으니 놓지 마라. 목적을 완수하는 길은 하나가 아니다.'

이 고등학생들은 이렇게 수정했습니다.

나머지는 6에서 10까지 '귀신 10칙'의 문구들을 이용해 수정했습니다. 그리고 마지막 10은,

'사직서 내는 것을 무서워 마라. 사직은 진보의 어머니, 적극성의 밑거름이다. 이직은 너의 인생을 풍부하게 해준다'로 했습니다.

젊은이의 감성을 이해하고 참고하기를 바라는 마음으로 전문을

소개합니다. 꼭 새로운 현대에 맞는 사풍의 행동 규범을 생각해주시기 바랍니다.

5. 근본적인 건강관리 개선을

'근본적인 건강관리 개선'에 대해 이야기하겠습니다.

건강관리의 기본은 제1차 예방입니다. 이것은 당연한 것으로, 과로사의 가장 큰 원인은 수면 부족과 수면 장애입니다. 수면 시간을 충분히 확보할 수 있게 노동시간을 제한하는 것이 최고의 건강관리 대책이라는 것을 강조합니다.

이에 대해서 상당히 많은 정신의학 연구 논문이 있고 실증적으로 분석이 이루어지고 있습니다. 몇 개 소개합니다. 예를 들면 '60시간 이상의 연장근로는 스트레스 강도가 높다'는 사실을 상세한 자료를 근거로 분석한 논문이 있습니다. 또 후생노동성의 2003년 위탁 연구 보고서는 전문가가 상당히 노력을 기울여 작성한 보고입니다. 이 보고에서는 장시간 연장근로에 따른 수면 부족과 정신질환이 연관있다는 것은 의심의 여지가 없다는 것, 그리고 연장 근로가 월 100시간을 넘으면 정신 질환 증상이 나타나는 속도가 빨라진다고 결론짓고 있습니다.

뇌·심장 질환 분야에서는 이미 2001년에 전문가 검토 회의 보고서가 나왔습니다. 그에 따르면 하루 6시간 이하의 수면은 뇌·심장 질환의 증상이 발생할 수 있다는 것과, 1개월에 대체로 80시간

넘게 시간외근로를 할 경우 하루 6시간 이하의 수면이 된다고 기재돼 있습니다. 또한 하루 5시간 이하의 수면1개월에 대체로 100시간을 넘는 시간외근로일 경우은 특히 위험하다고 강조하고 있습니다.

소위 '과로사 라인'은 시간외근로가 80시간이나 100시간이라고들 하는데 이 숫자는 다양한 역학적인 조사와 생활 분석을 바탕으로 한 것입니다.

마쓰리 씨의 경우, 11월 초순에 상사와 상담했는데도 시간 단축이나 충분한 휴가를 받지 못했습니다. 11월에 건강이 악화된 후에야 FX증권의 업무를 빼주는 조치를 취해 주기는 했습니다. 하지만 전체적으로 그녀의 당시 심신 상태를 고려할 때 충분히 휴가를 주거나 부서 변경 등과 같은 대책이 필요했다고 할 수 있습니다.

특히 문제는 12월에 들어서서 그녀의 부서에 36협정의 특별 조항이 발동돼, 전보다 더 긴 장시간 노동이 가능한 체제로 돌아섰습니다. 이런 것들과 더불어 그녀는 12월에는 더욱 장시간 노동을 하고 이것이 우울증을 심화시키는 원인이 됐다고 생각됩니다.

심신의 부조화를 조기에 발견하는 것은 확실히 건강관리에 중요합니다. 그러나 그것을 발견하면 적절한 대책을 세워야만 합니다. 그렇지 않으면 아무런 의미가 없습니다.

발병하고 나서, 또 그것이 악화된 후에 대책을 세우는 것은 극히 어렵습니다. 도시바 여성 기술자의 과로성 질병의 산재 사건최고재판소 판결_2014년 3월 24일에서도 병을 악화시킨 기업의 책임을 엄중하게 지적했습니다.

수면 시간 확보를 위해서 덴쓰에서도 꼭 '인터벌 규제'를 고려해

주기 바랍니다. 정부의 '일하는 방식의 개혁' 법안을 보면, 법률상으로는 '각 기업이 노력해줄 것을 권장한다.'는 쪽으로 가는 듯한데요. 인터벌 규제는 과로사를 없애는데 아주 중요한 점입니다. 예를 들면 밤 11시까지 일한 경우, 다음날 10시 출근으로 하는 규정을 만드는 것은 그리 어려운 일이 아닐 것입니다. 이 규정은 건강을 지키기 위한 최소한의 조건인데 EU에서는 이미 11시간으로 법제화했습니다. 일본에서도 꼭 인터벌 규제가 도입되기를 바랍니다. 제가 지금까지 과로사 사건을 담당한 경험에서 보면 이 규제로 과로사 태반이 없어질 것으로 보입니다.

또 프랑스에서는 근무시간과 휴무시간을 구별하기 위해 2017년 1월부터 새로운 법률이 생겼습니다. 이것을 번역하면 '접속 차단 권리'이며, 영어로는 'Right to disconnect'입니다. 평일의 야간이나 휴일, 그리고 휴가일 때 노동자에게 업무용 메일을 보내는 것이 프랑스에서 문제가 돼 이것을 중단시키자고 해서 제정된 법률입니다. 실제로 이 법률에 근거해 각 기업에서 노사협의가 이루어지고 있다고 들었습니다. 일본에서도 꼭 도입을 검토해야 하는 사항이며 각 기업 차원에서 규정을 만드는 것이 중요하다고 생각합니다.

6. 시간 단축으로 노동능률 향상을 꾀할 것

[표 4]는 정신 건강과 노동시간에 관한 조사 연구입니다. 이 표는 오랫동안 일본은행에서 조사 분석한 것으로, 와세다대학 교수 구로

[표 4] 정신 건강으로 휴직한 노동자 비율과 평균 노동시간과의 관계

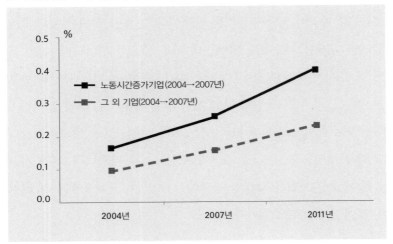

출처: 『노동시간의 경제 분석』(구로다 사치코·야마모토 이사무山本勲, 2014)

다 사치코黒田祥子 씨 외 공저인 『노동시간의 경제 분석』일본경제신문
출판사, 2014년에서 인용한 것입니다. 여기서는 '정신 건강으로 휴직
하는 노동자의 비율과 평균 노동시간과의 관계'를 그래프로 보여
주고 있습니다. 요컨대, 노동시간이 증가한 기업-굵은 선의 기업-
은 다른 기업과 비교해 2004~2011년에 휴직자가 상당히 증가한 것
으로 나타나 있습니다. 노동시간이 증가하는 곳에서는 정신 건강으
로 휴직하는 노동자가 증가하고 있습니다. 그 외의 기업에서도 증
가 경향이 있지만 노동시간이 증가하는 기업에서는 그것이 눈에 두
드러진다는 것입니다.[표 4]

그리고 기업 실적과의 관계에서도, [표 5]와 같은 연구가 발표됐
습니다. 정신 건강으로 휴직하는 노동자가 증가한 경우에 어떤 상

[표 5] 정신 건강으로 휴직한 노동자 비율과 영업이익률의 변화폭과의 관계

출처: 「노동시간의 경제 분석」(구로다 사치코·야마모토 이사무 2014)

황이 벌어졌는지에 대한 자료인데, 2007년~2010년에 계속 영업이
익률이 떨어졌습니다. 다른 기업과 비교해보면 휴직자 비율이 상승
하고 있는 곳일수록 영업이익률이 줄곧 하강하고 그 경향이 현저합
니다. 이와 같이 건강 문제가 기업 실적에 끼치는 영향에 대해서는
다양한 자료가 나오고 있습니다. 부디 검토해주시기 바랍니다.

　장시간 노동 때문에 노동 효율이 저하되는 것을 피하는 대책으
로 시간을 단축해서 노동능력을 올리는 방법을 강구해 주십시오.
아무쪼록 그러한 사풍을 만들어 주시기를 당부합니다. 지금 그러한
방향으로 힘을 쏟고 계시리라 생각합니다만 새삼 강조해봅니다.

　조금 역사적인 이야기인데 로마 제국의 스토아 철학자로 유명한
세네카라는 사람이 있습니다. 그는 휴양의 중요성을 줄곧 주장하고

있습니다.세네카 지음 『인생은 왜 짧은가』 예를 들면 "마음이 휴식을 취하면 전보다 한결 예리해질 것이다."라는 말입니다. 휴양의 중요성의 실례로 원로원 회의에서는 저녁 무렵에는 새로운 제안을 해선 안된다는 규칙을 만들었습니다. 또 장기 원정에서 돌아온 군인은 귀국 직후에는 궁정 야간 경비 임무에서 제외해 주었습니다. 휴양을 통해 업무에 효율성을 높이도록 로마제국에서는 갖가지 방법을 궁리한 것입니다.

지금 주목받고 있는 문헌을 하나 소개하려고 합니다. 『Utopia for Realists리얼리스트를 위한 유토피아 플랜』라는 책입니다. 이것은 노동시간 단축과 기본 소득 등에 대해 논하고 있는데, 유럽에서 굉장히 화제가 됐으며 세계 각국에서 번역 출판되고 있습니다. 저자는 네덜란드에서 지금 주목받고 있는 젊은 연구자인 브레그만Bregman이라는 사람으로 얼마 전에도 BBC와 인터뷰했습니다.

이 책은 5월에 일본에서도 번역 출판됐습니다. 예를 들면 미국 자동차 회사포드가 한 조사에 의하면 주 40시간 노동을 주 60시간으로 증가시킨 사례를 들면서 4주간은 효과가 있었지만 그 후는 생산성이 떨어졌다는 보고도 있습니다.

또 노동시간이 평균 하루 6시간 이하일 때 노동자가 창의력을 발휘하고 생산적으로 일할 수 있다는 조사 보고도 소개하고 있습니다. 오래 일한다고 해서 창의적인 것을 생산해내는 것은 아니다는 식의 문제 제기를 하고 있습니다. 이것도 부디 참조해주시기 바랍니다.

노동시간을 단축하여 노동 효율의 향상을 확보하는 것이 21세기를 살아갈 인류의 방향이 아닐까요. 평소 그렇게 생각하고 있습니다만, 아무쪼록 이상론에 머물지 말고 현실로 실현시켜야 할 주제일 것입니다.

7. 광고업계 등 서비스 산업의 과중한 업무를 개선하기 위해

제가 가장 말씀드리고 싶은 것은 과연 '고객은 신인가?'라는 것입니다.

고객도 노동자도 인간이라는 당연한 사실을 잊고 있습니다. 무리한 주문을 하는 것, 과잉 서비스를 하는 것, 이런 것은 그만두자는 것입니다. 일본 과로사의 중요한 열쇠가 바로 그 점에 있다고 생각합니다. '고객 제일주의'라는 말을 여러분도 쓸 것입니다. 혹시 그말을 '일을 거절하지 말라'고 받아들이지는 않았는지요.

고객이 무슨 말을 하면……. 예를 들어 금요일에 "월요일까지 결과를 내주시오."라고 한다면 "알겠습니다."라고 대답하고 금요일밤과 토, 일요일 내내 일에 매달려 월요일에 답을 줍니다. 그러한 일이 '고객 제일주의'라는 말로 정당화돼 '성실하다' '잘했다'는 말을들어왔다고 생각합니다. 이것은 광고업계만의 일은 아니고 일본 기업 대부분에서 널리 행해지고 있습니다. 이 나쁜 관행이 일본 장시간 노동이 개선되지 않는 중요한 배경입니다.

여러분이 추진하는 개혁 내용 속에 이 문제도 다루고 있다고 들었습니다만 이 지나친 '고객 제일주의'를 꼭 바로잡아, 특히 심야든 휴일이든 가리지 않고 서비스를 제공하는 업무 방식은 안 하는 것으로 실현해주시기 바랍니다.

또 '만능 해결사' 같은 서비스 제공이 있습니다. 이것이 여러분의 직장에도 적용되는지 모르겠지만, 업무와 전혀 관계가 없는 잡다한 일도 부탁받으면 그 일도 합니다. 예를 들어 중요한 거래처 사장이 완전히 개인적인 일로 어디로 여행 가는데 좀 괜찮은 호텔을 찾아주지 않겠냐고 부탁하면 열심히 그곳 호텔을 찾아주지는 않나요? 이러한 일이 당연한 듯이 일어나는 것이 일본의 현실입니다. 그러니 그러잖아도 바쁜데 더욱 바빠집니다. 그와 같은 거래처에 대해서는 "그런 일은 할 수 없습니다."라고 거절하고, 거절한 결과 일이 잘 진행이 되지 않는다면 그것은 어쩔 수 없는 일로 깨끗이 단념하시기 바랍니다. 특히 간부 여러분이 의연하게 대처하셔서 사원의 건강과 노동시간을 잘 지켜주시기를 바랍니다.

재작년 각료회의에서 결정된 '과로사 방지 대강大綱' 속에는 '발주 조건, 발주 내용의 적정화'와 '거래 관계자에게 계발과 협조'가 중요하다고 기술돼 있습니다. 이것은 일본 사회 전체가 힘을 기울여야 할 과제로, 광고업계에서도 부디 추진해주기를 기대합니다.

업계 관행 시정에 대해 예를 하나 들어보겠습니다. 하수도 관련 공사를 하는 회사에서 일하던 남성이 월 약 200시간에 이르는 시간외근로가 원인이 돼 2015년에 과로사로 사망, 2016년 산재로 인정받았습니다. 그 후 그 회사에서는 전국 하수도 공사 관련 업계 단체에 요청해서, 발주처인 지방자치체 등에 무리한 발주를 하지 않도록 전 업계의 이름으로 청원서를 냈습니다.

광고업계에서도 덴쓰가 부디 리더십을 발휘해서 개혁에 힘을 써 주시기 부탁드립니다.

8. CSR은 내 코밑에서부터 준법정신을

CSR기업의 사회적 책임의 관점에서 이번 사건에 대해 이야기하겠습니다.

CSR이라 하면 자칫 지구 환경보호나 어느 의미에서 '고상한' 주제로 넘어가는 경향이 있는데 CSR은 바로 내 코밑에서부터 준법정신을 생각하면 좋겠습니다.

이번 사태의 경우, 위법 노동시간 은폐를 먼저 뼈저리게 반성해야 합니다. 회사를 시오도메로 이전하고 일부러 플랩 게이트를 설치했는데 그 기록을 올바르게 활용하지 못했습니다.

구체적으로 말하면 마쓰리 씨는 야간근로를 계속하던 11월 4일에 한 선배에게, "우리 부장의 지시로 '사내 음식 섭취'로 했어요." "70시간까지 하라는 말을 들었죠. 부장이 자기가 젊었을 때는 '사내 음식 섭취'로 했대요."라고 털어놨습니다. 70시간이라는 것은 여러분이 아시는 대로 36협정의 연장근로 1개월 상한 시간소정의 노동시간은 1일 7시간입니다. 이처럼 본인이 신고한 노동시간 기록과 플랩 게이트 기록 사이에 커다란 괴리가 있는 것을 어떻게든 '정당화'하려고 사내에 있으면서 음식을 먹은 것으로 하라고 부장이 지시한 것입니다.

회사의 자료에 따르면 마쓰리 씨는, 매일 늦게까지 연장근로하던 10월 26일부터 29일에 사내에 있었던 사적인 이유를 '사내 음식, 간담, 휴식'이라고 기재했습니다. 상식적으로 정말 믿기 어려운 일입니다. 노기서도 이와 같은 기재 이유는 신빙성이 없다고 판단하고 사내에 있었던 시간을 거의 시간외근로로 인정했습니다.

CSR이란 우선 적정한 노동시간 파악이 먼저라고 말씀드리고 싶습니다.

실제 노동시간 은폐는 분식 노동 기록이고 이러한 부정이 준법정신을 마비시킵니다. 그리고 거래처에 부정한 '청구'까지 하는 사풍을 양성한 것은 아닌지요.

계속 위법으로 장시간 노동을 시키는 회사가 업무 부정도 많이 일으킨다는 사실도 제 과거의 경험으로 알았습니다. 2차 회식을 예약할 때 가짜 이름과 전화번호를 가게에 알려주는 것도 일상적으로 결여된 준법정신 중 하나라고 생각합니다. 이처럼 일상적으로 일어나는 위법 행위를 일소시키는 것이 직장 개혁의 대전제가 돼야 한다고 생각합니다.

타사의 이야기를 해보겠습니다. 지금 도시바가 무척 어려운 경영위기에 빠져 있습니다.

2000년대 초반에 도시바의 여성 기술자가 업무로 인해 과로와 스트레스로 힘들어하다가 우울증에 걸려 부득이 휴직하게 됐는데 회사가 휴직 기간 만료와 동시에 그녀를 해고했습니다. 저는 그 여성 기술자의 대리인이 돼서 이 사건을 십 년 넘게 담당했는데 이 사건도 최고재판소까지 가서, 거기서 전면적으로 기업의 책임이라는

판결을 받아, 해고도 무효임이 확정됐습니다.2014년 3월 24일 판결

'천하의 도시바'가 왜 그렇게까지 불합리하게 일을 처리했는지, 재판을 담당하면서 줄곧 생각했습니다. 그런 때에 그 부정 경리 문제가 발각되고, 그 후 원자력 관련 거대 손실이 발생한 것이 밝혀지는 것을 보고, '역시 그러면 그렇지…' 하고 이해가 갔습니다. 병에 걸린 여성 기술자의 직장에서는 같은 시기에 남성 두 명이 자살하고 그 중 한 명은 산재 인정도 받았습니다. 이러한 줄을 잇는 과로사·과로성 질병의 발생과 도시바의 부정 경리, 현재의 경영 위기에는 연관되는 것이 있고, 공통되는 원인과 배경이 있다고 생각합니다.

과로사를 발생시키는 직장은 회사가 병들어 있습니다. 과로사를 방지하는 것은 건전한 회사를 경영하는 것으로 이어집니다.

9. CSR(2) 건강 경영의 실현을

건강 경영이라는 말이 최근 노무관리 연구자 사이에서 널리 쓰이고 있습니다. 『회사와 사회를 행복하게 하는 건강 경영』다나카 시게루田中滋 외 편저, 게이소소보이라는 책에 자세히 나오지만, 요컨대 종업원이 건강해지면 의료비 부담이 줄어들고, 사업 리스크가 줄어들고, 노동생산성이 향상되며, 기업 실적 향상으로도 연결됩니다. 그리고 더 나아가 직장에 우수한 인재가 정착돼 기업 이미지와 종업원의 만족도가 향상될 것입니다. 건강 경영은 그러한 경영 사상, 경

[표 6] 질병 휴업의 내역(미쓰이화학에 재적된 사원)

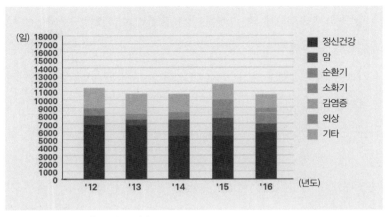

출처: 미쓰이화학주식회사 홈페이지에서 작성

영 수법을 의미합니다.

　실제 건강 경영을 모토로 실천하는 기업 중에 다양하고 적극적으로 실천하는 예도 있습니다. 미쓰이화학의 예는 아주 중요한 실천 사례라고 생각합니다. 과로사 방지법 제정을 위해 활동하던 과정에서, 자민당의 담당 부회에 참석해 미쓰이화학에서 산업의[1]로 일하시는 분의 보고를 들은 적이 있습니다. 산업의와 인사·건강관리 부분을 맡은 분들이 서로 밀접하게 연계하면서 종업원의 건강관리 대책을 실천하고 있는 점에 감탄했습니다.[표 6]

　산업의를 인선하는 일은 회사에 매우 중요한 일입니다. 덴쓰에서도 산업의 등과 적절하게 연계하면서 건강 경영을 실천하기를 바랍니다.

---

1. 한국에서 직업환경의학과 전문의에 해당

10. 국민의 건강증진에 이바지하는 광고 업무, 콘텐츠 업무를

마지막으로 열 번째 제언은 여러분의 업무와 관계된 것입니다. 국민의 건강 증진에 이바지하는 광고 업무, 콘텐츠 업무를 부디 여러분의 직장, 업무 속에서 실현하기를 부탁드립니다. 그리고 마쓰리 씨가 입사하면서 실현하려고 했던 꿈인 광고 산업의 사회적 공헌을 꼭 실현해주시기를 당부합니다.

그런 의미에서 하나 고언을 드린다면 다음의 광고 문구수년 전에 텔레비전 광고에서에 문제가 있지 않나 싶어 지적합니다.밑줄은 필자가 그었습니다. 상품명은 ○○○로 대신합니다.

"감기 걸렸어? 목이 아프니? 내일 회사 못 쉬지?"
"감기 초기에 목이 아플 때도."
"감기약은, ○○○. 이거 먹고 빨리 나아!

"자, 얼마나 열 있나 볼까?"
"일을 쉴 수가 없어."
"열이 나서 힘들 때도"
"감기약은, ○○○. 이거 먹고 빨리 나아!"

이 광고에 대해 문제점을 두 개 생각해보고자 합니다. 첫 번째로 원래 단순한 감기가 아니라 상당히 심각한 인플루엔자일지도 모릅니다. 그것을 우선 약만으로도 된다는 분위기를 자아내고 있습니다. 두 번째로 감기에 걸리면 직장 사람들에게 옮길 위험이 있지 않습니까? 하물며 혹시 그것이 위험한 인플루엔자라면 직장에 전염시키게 되는 것이므로 공중위생의 관점에서도 이해가 안 갑니다.

물론 지금의 일본 직장 실정은 그렇게 간단히 회사를 쉴 수가 없다는 점은 인정합니다. 그러나 광고란 굉장히 문화적 영향이 크다고 생각합니다. 이런 광고는 사회의 방향성을 제시해주는 것으로 만들어 주면 좋겠습니다. 일본 사회가 더욱 건강하게 발전하는 방향으로 CM을 만들어 주시기 바랍니다.

또 하나 2020년 도쿄올림픽에 대해 지적하겠습니다.

앞으로 올림픽에 관한 일이 여러분 회사에도 많이 들어올 거라고 생각합니다. 저는 올림픽이 일부 운동선수의 대회가 아니라 2020년을 통해 국민 전체가 심신이 모두 건강해지는 그런 중요한 기회가 되기를 바랍니다. 그 점에서 2020년 준비 때문에 과로사가 발생해서는 안 된다는 것을 강조해두고자 합니다.본서 제4장에 신국립경기장 건설 공사에서 일어난 과로사 사례를 기술합니다.

강연을 마치며

일하는 사람이 건강하지 않으면 건전한 경영은 성립하지 않으며 건전한 사회는 성립하지 않을 것입니다. 목표와 과제는 명확하다고 생각합니다. 오늘 참석해주신 임원 여러분과 관리직 여러분의 실천을 진심으로 기대합니다.

밥 딜런Bob Dylan, 2016년 노벨 문학상 수상자의 가장 유명한 곡 중 하나인 '바람만이 아는 대답'이라는 곡을 모두 아실 것입니다.

이 곡의 마지막은 '얼마나 많은 사람이 죽어야 너무 많이 죽었다고 깨달을 것인가? 답은 바람에 휘날리고 있네'라는 말로 끝납니다. 제가 학생 시절부터 들었던 곡인데, 전에 CBS 소니 레코드 회사에서 밥 딜런을 담당하고 연구했던 스가노 헤켈菅野Haeckel 씨는 이렇게 말합니다.

"답이 바람에 휘날려 어딘가로 날아가 버린 게 아니라 바람 속에 답이 분명히 있다. 그것을 어떻게 잡아채느냐가 문제라고 이 노래는 제기하고 있다고 생각합니다."BS-TBS Song to Soul 2008

저도 그 의견과 마찬가지로 해석하고 싶습니다.

덴쓰 직장에서 지향할 방향은 명확하다고 생각합니다. 아무쪼록 그것을 여러분의 힘으로 잡아채서 반드시 실현하시기를 바랍니다. 저는 지금까지 20년 동안 수많은 덴쓰 유족들의 이야기를 들어왔습니다. 그들이 눈물을 흘리며 하는 이야기를 반복해서 들어왔습니다. 진심으로 그런 일이 덴쓰에서 재발되지 않기를 바랍니다. 부디 야마모토 도시히로 사장을 비롯한 새로운 체제 아래에서 건강한 덴쓰의 직장을 만들어주시기 바랍니다. 진심으로 호소하며 제 강연을 마치도록 하겠습니다.

오늘 강연을 들어주셔서 감사합니다.

고류·가시마야리 등산로에서 (2015년 9월)

4장

과로사 없는 사회를

어느 과로사

다카하시 마쓰리 씨의 죽음이 산재로 인정됐다고 유족이 공표하자, 과거에 유례가 없을 정도로 연일 과로사에 관한 보도가 줄을 이었다. 그러한 속에서도 과중한 노동이 귀중한 생명을 앗아가고 있다.

발견된 유서

2017년 4월 15일, 나가노현에서 청년의 시신이 발견됐다. 3월 2일자의 메모장에 청년이 직접 쓴 짧은 유서가 적혀 있었다.

'갑자기 이런 방법을 택하게 돼서 죄송합니다.

몸도 마음도 한계에 부닥치니 이런 결과만이 머리를 헤집고 떠나지 않았습니다.

…….

가족, 친구, 회사 여러분께 진심으로 죄송합니다.

이런 결과를 빚어버린 저를 용서해주십시오.

죄송합니다.'

신국립경기장 지반개량공사, 대졸 1년차 청년이 희생

야마카와山川가명 씨는 2016년 3월 공학계열의 대학을 졸업하고

[사진 27] 2017년 7월, 저자인 가와히토 히로시 씨 촬영

4월에 도쿄도 도내 건설회사에 취직했다. 그는 여러 공사 현장에서
일하다가, 같은 해 12월 중순부터는 1차 하청회사 사원으로서 JR 센
다가야역 부근의 신국립경기장 지반개량공사를 담당하게 됐다.[사
진 27]

그는 입사 1년차였지만 시공관리 업무에 종사하면서 극도로 심
한 장시간 노동과 야간근로를 해서, 과로와 업무상의 스트레스를
받았으며, 2017년 3월 2일에 돌연 실종됐고, 나가노현에서 4월 15
일에 앞의 유서와 함께 그의 시신이 발견됐다. 경찰 등의 조사와 분
석에 따라 '3월 2일경에 자살'한 것으로 추정됐다. 23살의 젊은 나
이였다.

내가 이러한 사실을 알게 된 것은 4월 하순이었다. 야마카와 씨
의 유족부모에게 전화가 와서 면담했다. 그때 유서를 봤고, 또 실종

전의 상황을 자세하게 들었다. 부모는 도쿄도 도내에서 아들과 같이 살며, 바로 옆에서 그가 매일 한밤중까지 일하며 피폐해져가는 모습을 지켜봤다. 따라서 이러한 결과를 만든 것은 과혹한 업무가 원인이고 산재를 신청하고 싶어서 상담하러 온 것이다.

나는 유족 대리인이 돼 회사에 산재 신청에 협력해달라는 요청서를 제출하고 필요한 자료, 특히 실제 근로시간을 증명할 수 있는 자료를 부탁했다. 야마카와 씨가 신국립경기장 공사 현장에 출입한 시각이 남아 있는 기록정맥 인증 기록이 존재하며, 그것을 원청회사다이세이大成건설가 관리한다는 것이 밝혀졌기 때문에 그 점을 중요하게 여겨 원청회사에도 자료를 요청했다.

고용주도 원청회사도 자료 제출에는 신속하게 응해 주었다. 나는 신진 젊은 변호사인 야마오카 요헤이山岡遥平 씨와 가와히토 법률사무소 직원들과 함께 이 자료를 분석했다. 또 부모와 친구 면담을 거쳐 야마카와 씨의 죽음이 산재라고 확신했다.

두세 시간밖에 못 자는 나날이 계속되다

야마카와 씨는 신입 사원 연수를 받고, 약 10곳 안팎의 현장에서 근무한 다음, 2016년 12월 17일 이후, 신국립경기장 지반개량공사의 시공관리 업무에 종사했다. 구체적으로는 각 작업 단계별로 사진 촬영, 재료 품질관리, '축 정렬'기계의 위치 조정, 안전관리 등을 담당했다. 사무소에서는 자신이 직접 관리기록을 기입하고, 작업일

지 작성, 출근표 기입, 산업폐기물 관리표 제출, 수불 장부 기입, 전
표정리 등을 했다.

도쿄올림픽 주경기장이 될 신국립경기장은 당초 채용된 설계 디
자인이 변경돼 시공 시작이 매우 늦어졌다. 이 때문에 건설회사 또
현장 노동자에게는 국가적인 행사인 올림픽 개최에 맞춰야 한다는
강한 압력이 가해졌다.

야마카와 씨가 근무하던 회사1차 하청가 하청받은 지반개량공사
는 기초공사보다 더 앞 단계 공정이고 모든 공사의 전제가 되는 것
으로 작업 일정이 극히 까다로웠다. 그는 약 5명으로 구성된 팀 속
에서 유일하게 입사 1년차 사원이었다.

취업 규칙상으로는 월요일부터 금요일은 8시 30분에서 17시, 토
요일은 8시 30분에서 12시까지가 정해진 근무시간이며, 일요일과
법정공휴일, 연말연시는 쉬었다. 하지만 실제 근로시간과 근무일은
이를 훨씬 초과했다.

우리들이 조사, 분석한 결과, 야마카와 씨는 실종되기 전 1개
월에 211시간 56분, 실종되기 2개월에 143시간 32분의 시간외
근로연장근로 시간과 휴일 근로를 합한 시간를 했다. 이것은 앞에서 기술한
공사현장의 출입 기록이나 컴퓨터 기록 등에 근거해 추인한 것이
다.[표 7]

야마카와 씨가 근무하던 회사에서는 36협정이 1개월에 원칙상
45시간이 상한특별한 경우 80시간이 상한이지만, 사실상은 이 시간들을
크게 초과해 위법으로 연장근로 한 것이 틀림없다.

야간근로가 일상이었는데, 실종 1개월 전에 근무한 24일 동안,

[표 7] 근로시간 집계표(3월 2일~2월 1일) (발병 전 (1)개월째)

	근로시간 (업무 시작~종료)	1일 구속 시간 수	1일 근로시간 수	총 근로시간 수	시간외근로시간 수
3/2(목)	~				
3/1(수)	6:19~23:12	16:53	15:53		
2/28(화)	6:39~23:18	16:39	15:39		
2/27(월)	6:18~22:55	16:37	15:37	① 77:33	⑥=①-40 37:33
2/26(일)	~				
2/25(토)	6:34~29:09	22:35	21:35		
2/24(금)	6:27~16:16	9:49	8:49		
2/23(목)	7:33~23:52	16:19	15:19		
2/22(수)	6:22~24:30	18:08	17:08		
2/21(화)	8:00~23:39	15:39	14:39		
2/20(월)	6:42~23:25	16:43	15:43	② 101:14	⑦=②-40 61:14
2/19(일)	~				
2/18(토)	6:42~32:33	25:51	24:51		
2/17(금)	6:52~21:26	14:34	13:34		

근무 종료 시간이 22시보다 빠른 날이 불과 5일밖에 안 됐다. 밤샘 근무도 종종 했는데 실종되기 전, 1개월 동안 즉 2월 1일부터 2월 2일, 2월 18일부터 2월 19일, 2월 25일부터 2월 26일로 3회에 이른다.

야마카와 씨는 과로 상태가 지속되어 자동차 통근을 포기하고 2월 중순경부터는 거의 전철로 통근했다.통근시간 편도 약 1시간 새벽 4시 반경에 일어나 집에 오는 시간이 0시 반~1시 무렵이어서, 실종 1개월 전에는 수면 시간이 2~3시간일 수밖에 없었다. 함께 살던 부모의 이야기로는 아침에 깨우는데 재해자가 일어날 때까지 꽤 시간이 걸렸고, 마지막에는 몸을 끌어 잡아당겨야만 일어날 수 있는 상태였다고 한다. [사진 28]은 한밤중에 야마카와 씨가 아침에 일어날

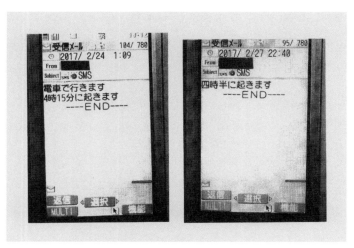

[사진 28] 전철로 갑니다. 4시 15분에 일어날 거예요 / 4시 반에 일어납니다.

시간을 어머니에게 알려주고 깨워달라고 부탁한 문자 메시지다.

야마카와 씨가 근무하던 회사는 당초 유족에게 시간외근로가 80시간 이내라고 설명했다가 나중에 유족 측의 요구를 받아들여 회사가 단독으로 직접 조사했다. 그 결과 유족이 조사한 것과 거의 비슷한 시간외근로가 있었음을 인정하고, 신국립경기장 지반개량공사를 중심으로 한 야마카와 씨의 근무 상황, 그에 대한 근무관리 체제가 자살에 영향을 주었을 가능성이 충분하다고 인정했다.

신주쿠노기서가 산재로 인정

야마카와 씨의 유족은 7월 12일에 우에노上野노기서야마카와 씨를 고용한 기업의 본사가 다이토台東구에 있어서에 산재를 신청했는데, 그것은 노기서의 판단 아래 신국립경기장을 관할하는 신주쿠노기서로 이관됐다.

그리고 10월 6일부로 신주쿠노기서는 야마카와 씨의 사망을 산재로 인정했다. 신청 후에 3개월도 채 되지 않아서 결정을 내린 것은 이례적인 일로, 노동국과 노기서가 이 사건의 중대성을 고려한 결과로 여겨진다. 결정 이유의 요지는 다음과 같다.

① 재해자는 2017년 3월 상순에 정신 질환국제질병분류에 나오는 'F3 기분정동장애'이 발병했다.

2월경부터 만성적인 수면 부족으로 친구에게 비관적으로 말하거나 옷차림이 흐트러지는 등의 상황이 나타나서, 의사로 구성된 전문 부회에서 발병 시기와 내용을 이와 같이 인정했다.

② 발병의 결과, 정상적인 인식과 행위 선택 능력이 현저하게 저해되고, 자살 행위를 멈추게 하는 정신적 억제력이 눈에 띄게 저하되어 자살에 이르렀다.인정기준의 제8-1 '자살에 관해' 참조

③ 발병의 원인은 신국립경기장에서 발생한 극도로 심한 장시간 노동이다.

1월 31일부터 3월 1일실종 전날까지 1개월간의 시간외근로시간은 190시간 18분이며, 인정 기준을 크게 넘는 장시간 노동이었다. 1월 1일부터 1월 30일 동안은 160시간 5분이었다.

④ 근무보고서에 기록된 근무시간은 실태를 반영하지 않아서, 경기장 출입구의 출입 기록을 바탕으로 관계자의 증언도 참고해 인정했다.

⑤ 업무 외의 이유는 존재하지 않는다.

이상의 이유는 거의 유족 측이 주장하던 내용과 같다.

또 상사가 야마카와 씨를 괴롭혔다는 기사가 다수 보도됐다. 신주쿠노기서는 위계에 의한 괴롭힘 조사까지 할 필요가 없이, 과도한 장시간 노동에 의해 산재로 인정하는데 이르렀다고 여겨, 그것의 유무는 판단하지 않았다.

유족과 우리 대리인은 별도로 위계에 의한 괴롭힘 유무를 계속 조사하고 있다.

국가적 행사라는 이유로도 과로사는 결코 일어나서는 안 된다

나는 유족의 의향대로 7월에 산재를 신청하자마자 기자회견을 열어 야마카와 씨의 죽음을 사회에 공표했다. 그 이유는 산재로 인정되기까지 빨라도 통상 6개월 정도 걸리므로, 그것을 기다리는 사이에 신국립경기장에서 제2, 제3의 희생이 발생할 위험이 크다고 느꼈기 때문이다.

회견장에서, 야마카와 씨의 양친은 다음과 같이 그 느낌을 말했다.

"신국립경기장 지반개량공사의 현장으로 발령이 났을 때 아들이 가장 힘든 현장이 됐다고 말했습니다. 2017년 2월이 되자, 아들은 그전과는 전혀 다르게 바빠 보였어요. 새벽 4시 30분경에 일어나 5시쯤 출근했죠. 귀가는 한밤중이었고요. 새벽에 일어나는 것이 굉장히 힘들어 보였어요.

수면 시간이 짧아서 걱정했지요. 2월 후반으로 넘어가면서는 작업복을 입은 채로 잠들어서 깨워도 곧바로 잠들어버렸습니다.

지금은 앞으로 우리 아들처럼 과로로 생명을 잃는 사람이 나오지 않기를 바랄 뿐입니다."

나는 회견장에서 고용한 기업, 하청을 준 기업뿐만이 아니라 발주자인 독립 행정법인 일본스포츠진흥센터, 도쿄올림픽·패럴림픽 경기대회조직위원회, 도쿄도, 정부 등 관계기관이 사태의 심각성을 직시하고 신속하게 개선 조치를 강구하라고 강하게 호소했다. 또 회견 당일에는 도쿄올림픽·패럴림픽 경기대회조직위원회의 사무소를 직접 방문해 요청서를 전했다.

10월에 산재 인정이 나온 후에도, 그 사실에 대한 기자회견을 열어 관계 조직에 희생이 반복되지 않도록 다시 요청서를 건넸다.

도쿄노동국은 2017년 9월 29일까지, 신국립경기장 건설공사에 관계된 기업 81사에 위법 장시간 노동이나 연장근로 수당 미지급 등의 법령위반에 대해 시정하라고 권고했다. 원청회사인 다이세이 건설에도 취업 규정 미비에 대해 시정 권고를 하고 또 하청기업의 장시간 노동 방지 대책을 강구하도록 행정지도를 했다.

이것들은 뒤늦은 감이 있지만, 앞으로 건조물의 건축 등 공사가 본격적으로 진행되는 동안, 감독 기관이 기업을 철저하게 감시해 주기를 요구하는 바이다.

[사진 29]

국가적 행사라고 해서 그 준비 때문에 노동자의 목숨과 건강이
결코 희생돼서는 안 된다.

또한 정부의 '일하는 방식의 개혁' 법안을 보면, 최소 5년 동안,
건설업이 장시간 노동의 규제 대상에서 제외됐는데, 이와 같은 특
별 취급은 극히 위험하며 이해할 수 없다. 관민이 일체가 돼 건설업
의 과중한 노동을 규제하는 데 힘을 쏟아야 한다.

끊임없는 자동차 운전기사의 과로사

운송업계도 건설업계와 마찬가지로 장시간 노동과 과로사가
되풀이되는 업종이다.

2017년, 내게 나가노현 사건이 들어왔다.

사망자는 나가노 시내에서 어머니와 함께 살던 남성운전기사 오사다長田 씨가명, 사망 당시 43세이다.

오사다 씨는 직업을 몇 개 거치다가, 2016년 3월에 시나노리쿠소信濃陸送 주식회사에 정사원으로 입사해, 2017년 1월 6일 사망할 때까지 배송 트럭 운전기사 업무에 종사했다.

배송 트럭 운전기사 업무는 편의점 각 점포에 상품음료, 과자, 잡화 등을 배송하는 것이었다. 우선 적재 화물이 있는 센터에서 화물을 검품한 후, 화물을 트럭에 싣고, 운전해 나가노현 곳곳의 편의점에 화물을 배송하고, 반입하는 작업을 대개 하루에 두 바퀴 돌았다.

오사다 씨는 병의 증상이 일어난 당시에 나가노 시내에서 우에다上田 시내 편의점 각 점포에 배송하는 업무를 담당했었다.

2017년 1월 6일 오전, 오사다 씨는 평소처럼 어머니가 싸준 주먹밥을 들고 집을 나섰다. 나가노 시내의 회사 사무소로 출근해서, 그후 시내 배송 센터에서 짐을 싣고 우에다 시내로 갔다. 그리고 당일 1편 루트의 첫 번째 점포인 편의점우에다 고마키점에 도착해, 화물을 점포에 인도한 후, 주차장에 정차시켰던 배송 트럭 부근에서 쓰러졌다.

그 상황을 편의점 손님이 발견해서 편의점 직원이 119번에 통보하고 긴급히 병원으로 옮겼으나 병원에서 사망이 확인됐다. 사인은 급성대동맥박리로 진단됐다.

오사다 씨의 유족은 아들이 연일 심야까지 일을 계속해, 굉장히 피곤해 하는 모습을 봤다고 했다. 그는 가족에게 식사도 "너무 바빠

[사진 30] 2017년 8월 저자인 가와히토 히로시 씨 촬영

서 운전하면서 주먹밥을 먹어야 할 정도"라고 말했다고 한다. 건강 진단 결과에서는 입사 시기인 2016년 3월에는 체중이 66.9kg이었 는데 7개월 후 2016년 10월에는 59.6kg까지 체중이 빠졌다.

어머니가 싸주신 주먹밥

유족과 상담한 나는 나가노시에서 활동하는 이치요시 다카시—由貴史 변호사와 함께 하기로 하고 산재 신청 수속에 들어갔다. 회사 는 오사다 씨가 사망한 직후에는 유족의 산재 신청에 소극적인 의 견을 보였지만, 우리의 자료 공개 요청에는 신속하게 대응했다.

시간외근로 시간은 타임카드 기록, 음주 측정 기록근무 개시 전후에 실시, 트럭의 운행 기록인 디지털 태코그래프 등을 분석한 결과, 유족 대리인의 추계에서는 증상이 나타나기 전 1개월에 123시간 13분, 동 2개월에 103시간 29분, 동 3개월에 107시간 7분, 동 4개월에 121시간 35분, 동 5개월에 141시간 37분, 동 6개월에 136시간 22분이었다. 또 실제 근로시간휴식시간을 포함은 거의 모든 달에서 300시간을 넘었다.

그리하여 2017년 4월 5일에 나가노노기서에 산재를 신청하고, 그해 8월 24일에 산재로 인정받았다. 노기서는 증상이 나타나기 전 1개월째에 약 114시간의 시간외근로 시간을 인정하고, 그 이전은 짧은 달에 약 96시간, 긴 달에 약 135시간으로 인정했다고 설명했다. 시간외근로 시간 수에 대해 유족 측 주장과 약간 어긋나는 이유는 노기서가 인정한 휴식시간이 유족 측 주장보다도 조금 많기 때문인데 그래도 거의 모든 달에 100시간을 넘는 시간외근로가 있는 것으로 판단했다.

이 사실들은 산재 인정기준을 넘는 장시간 노동인 것 외에, 후생노동성 '자동차 운전자의 노동시간 등의 개선을 위한 기준'1989년 2월 9일 구 노동성 고시 제7호도 위반하고 있다. 이 고시에서는 화물 자동차 운송사업에 종사하는 자동차 운전자의 근로시간에 대해, ① 근로시간은 1개월에 293시간을 넘지 않을 것, ② 1일 근로시간은 13시간을 넘지 않을 것으로 정하고 있다. 그러나 오사다 씨의 경우에는 거의 모든 달에 근로시간 293시간을 넘었다. 회사는 타임카드, 디지털 태코그래프, 음주측정기 등의 객관적 기록에 의해 오사다 씨의 시간외근로 시간을 용이하게 파악할 수 있는 상황이었는데 그에 대해 시정 조치를 취하지 않았다.

오사다 씨의 어머니는 "아들은 새벽 3시쯤 집에 오는 등 일이 아주 힘들었어요. 저는 매일 주먹밥을 두 개씩 싸줬지요. 아들은 식사할 시간도 없을 정도로 바쁘다고 했어요. 반찬을 싸주고 싶었지만 아들이 운전하면서는 반찬을 먹을 수가 없다고 해서 반찬은 못 싸주었네요. 아들은 과묵했지만, 근면하고 성격이 온순했어요. 그런 아들을 두 번 다시 못 만난다고 생각하니 정말 가슴이 미어집니다. 기업이 노무관리를 바로잡고 정부가 기업 지도를 개선해 주기를 간절하게 바랍니다."고 말했다.

운송업계의 과도한 노동에 개선을

후생노동성의 통계에 따르면, 과로사 사안뇌·심장 질환에서 업종별 산재 인정 건수의 경우 운송업이 타 업종보다도 유독 많다. 2016년도를 보면 도로화물 운송업이 33명으로 가장 많다. 요양 사안도 포함하면 89명에 이른다. 참고로 도로화물 운송업 다음으로 인정 건수가 많은 것은 음식점으로 요양하고 있는 사안을 포함해 14명그중 사망 4명이다. 도로 여객 운송업은 7명그중 사망 2명이다.

화물을 운송하는 경우도, 버스 등에 승객을 태우는 경우도, 모두 장시간 노동·야간근로가 여전히 거듭되고 있다. 운전노동자가 과로로 목숨을 잃을 뿐만이 아니라 과로 운전으로 사고가 나 버스 승객, 다른 차의 운전자·승객, 보행자 등이 희생되는 경우도 많다.

2012년 4월의 간에쓰関越 자동차도로 버스 사고, 2016년 1월 가루이자와軽井沢 버스 사고가 참담한 그 실례이다.

정부의 '일하는 방식의 개혁' 법안에서는 적어도 5년간, 장시간 노동의 규제 대상에서 운송업이 제외되어 있다5년간의 적용유예. 이와 같은 조치는 운전기사의 건강, 시민의 안전을 생각한다면 도저히 이해가 안 간다.

화물운송인 경우, 종래의 공업제품 등의 운반에 그리고 시민 생활에 직결되는 택배 등이 늘어나다 보니 그로 인해 장시간 노동이 커다란 사회문제로 되고 있다. 야마토 운수의 위법 장시간 연장근로가 알려지고 업계 안에서도 개혁의 움직임이 있지만, 배경에는 운전기사의 노동력 부족, 특히 젊은 운전기사의 부족이라는 문제가 있어, 안이한 대처로는 해결되지 않는 과제이다. 사회 전체 개혁으로 나가는 대응이 요구된다.

산부인과 의사의 과로사-6개월 동안 휴일은 불과 5일뿐

2017년 7월 31일, 시나가와品川 노동기준감독서는 도쿄도 도내 종합병원의 산부인과 의사인 모리구치森口 씨가명, 당시 30대가 사망한 것은 과도한 장시간 노동에 그 원인이 있다고 보고 산재로 인정했다.

모리구치 씨는 2010년 4월에 국가 의사면허를 취득하고 2013년 4월부터 2015년 7월에 사망할 때까지 약 2년 3개월 동안, 도쿄도 도내 종합병원 산부인과의 봉직의수련의로 일했다.

그의 일은 산부인과 병동에서 주로 분만과 처치, 수술, 수술 보조 일을 하면서 당직 근무, 의무기록과 서류소개장, 소견서나 그 외 요약지 등 작성, 증례 검토, 컨퍼런스 출석 등이었다.

모리구치 씨는 한 달에 4회 정도, 당직 근무를 했다. 당직 근무는 평일은 17시 15분부터 다음 날 8시 30분까지, 토 · 일은 8시 30분부 터 다음 날 8시 30분까지인데, 당직 다음 날이 근무일이면 총 근로 시간이 30시간을 넘었다.

의사의 근로시간은 전자 의무기록 보급으로, 아주 상세하게 파 악할 수 있게 됐다. 우리 대리인들의 분석에 따르면, 전자 의무기록 등의 증거를 바탕으로 모리구치 씨의 시간외근로 시간 수를 계산하 니, 적어도 사망하기 전 1개월6/12~7/11에 173시간 20분, 마찬가지로 2개월5/13~6/11에 165시간 56분, 3개월4/13~5/12에 143시간 24분, 4개 월3/14~4/12에 148시간 19분, 5개월2/12~3/13에 208시간 52분, 6개월 1/13~2/11에 179시간 50분이었다.

그는 죽기 얼마 전까지1월 13일부터 7월 11일까지 동안 겨우 닷새만 쉬 고, 휴일 없이 극도로 심한 장시간 노동을 했다. 이 가혹한 근무 결 과, 모리구치 씨는 2015년 4월 이후, 억울한 상태, 수면 부족과 피로 감, 집중력과 주의력 저하 등의 증상이 나타났으며 7월 12일 자살 하기에 이른다

나는 부모와 상담한 후 대리인이 됐다. 그 외, 야기 다카시八木隆 변호사, 구로이와 다카시黑岩卓士 변호사와 함께 변호인단을 형성하 고, 자료 조사, 면담, 의학적 검토 등의 일을 반복했다. 그리고 2016

년 5월 30일, 시나가와 노동기준감독서에 유족^{부모}이 산재를 신청해 다음 해 2017년 7월 31일에 산재로 인정받았다.

노기서의 판단 이유 요지는 다음과 같다.

① 모리구치 씨는 사망하기 전에 'F3 기분^{정동}장애'^{국제질병분류} ^{ICD-10}가 발병해, 정상적인 인식, 행위 선택 능력이 현저하게 저하되고, 또는 자살 행위를 단념할 정신적 억제력이 두드러지게 저하되는 상태에 빠져서, 그 결과 사망에 이르렀다.

② 발병 전 1개월 동안의 시간외근로가 약 173시간^{6월 9일~7월 8일}으로 160시간을 넘었다. 이 시간외근로는 전자 의무기록, 수술 관계 등의 근무 관계 기록, 관계자의 증언을 바탕으로 종합적으로 판단해 인정했다.

③ 이것은 극도로 심한 장시간 노동이고 산재 인정기준인 '특별한 일'에 해당한다.

④ 재해자에게는 업무 이외의 심리적 부담이나 개인 신상의 원인은 없다.

유족^{부모}이 '아들의 죽음이 산재로 인정받은 것에 대하여'라는 제목으로 코멘트를 발표했는데 요지는 다음과 같다.

"산재 인정을 받게 돼서 감사합니다. 아들은 수련의로서 고된 업무에 정말로 열심히 일했으며 그 업무를 회피하는 일 없이 의사로서 책임을 다하려다가 그 과정에서 파탄이 초래됐다고 생각합니다. 의사의, 특히 장래가 기대되는 젊은 의사의 자살률이 다른 사람보다도 높은 이유는, 만성 수면 부족, 또는 과중한 노동, 막중한 책임감으로 인한 과대한 정신적 부담이 그 원인이라고 생각됩니다. 산부인과를 전공한 아들은 산부인과 특유의 긴장감, 언제 닥칠지 모를 분만을 위해 대기해야 하고, 출산은 당연히 정상 출산시켜야 한다는 일반상식 등, 정신적 스트레스가 커서 그 부담에서 자유로워질 수 없었다고 생각합니다. 의사도 인간이고 또 노동자이기도 해 그들의 노동환경이 개선되지 않으면 이와 같은 불행은 거듭될 거라고 생각합니다."

의사의 과로사를 없애기 위해

모리구치 씨가 근무하는 병원의 36협정에 따르면 연장근로 상한 시간은 3개월 동안 총 120시간이 원칙으로 돼 있는데 그의 근무시간은 그것을 월등히 초과했다. 또 36협정상 특별한 사정긴급 수술에 대응할 경우 등이 있는 경우는 병원의 통지로 3개월에 합계 600시간, 연간 1,440시간까지 시간외근로 시간을 연장할 수 있다고 정하고 있는데 본 건에서는 이와 같은 통지는 없었다.

이전부터 의사의 장시간 노동은 사회문제로, 2017년 8월 2일에는 후생노동성에서 '제1회 의사의 일하는 방식의 개혁에 관한 검토회'가 열렸다. 관련 통계에서는 1주간 근무시간이 60시간을 넘는 사람의 비율은 전 직종 속에서 의사가 가장 많은 41.8%이고 특히 20대, 30대의 젊은 의사가 장시간 근무하는 것으로 나와 있다.

또 후생노동성에 따르면 2016년에 과로사로 산재가 인정된 의사는 4명이었다. 2017년도에는 5월에 니가타 시민병원에 근무하는

[사진 31]

여의사_{수련의}가 사망했는데 산재로 인정됐다.[사진 31]

 정부의 일하는 방식의 개혁안에 따르면 의사는 건설업이나 운송업과 마찬가지로 5년간 장시간 노동 규제의 대상에서 제외됐다. 이와 같은 제외 규정은 의사의 과로사를 방치, 촉진하는 것으로 극히 위험하다.

 의사에게서 과중한 노동이 발생하는 원인과 배경으로 원래 정신적으로 심한 긴장을 필요로 하는 업무라는 점, 봉직의 한 명에게 업무량이 지나치게 많은 점, 의료 사고와 관련해 정신적 중압감이 있는 점, 여러 가지 보고 서류를 작성해야 하는 점, 당직 등 심야 근무가 강제적으로 일상화돼 있어 수면 부족으로 이어질 수밖에 없는 점 등 다양한 문제가 있다. 또 일본 의사법 제19조에 의해 아무리 피곤해도 '진료를 거부해선 안 된다.'_{응소 의무}라고 하는 생각이 굳어진 것도 중요한 원인 중 하나이다.

의사가 건강해야 적절한 의료가 실현된다. 법률의 개정은 물론 의사의 과로사와 과중한 노동을 없애기 위해 사회 전체가 나서서 하루라도 빨리 대책에 착수해야 한다.

공익성이 높은 직업에서의 과로사

공익성이 높은 직업에서는 장시간 노동이 불가피하지 않겠느냐는 식의 사고방식이 일본에는 뿌리 깊게 존재한다. 그 결과 앞에서 서술한 의사 등의 의료종사자 이외에도 학교 교사, 언론 기자 등의 과중한 노동이 방치되어 과로사가 발생하고 있다.

2017년 2월 23일에 도쿄 고등재판소는 니시도쿄西東京 시내의 초등학교 신임 교사가 사망한 사건2006년 12월에 대해 1심에 이어 공무상 재해로 판단하는 판결을 내렸는데, 항소인이 상고를 포기했기 때문에 확정 지었다. 이 신임 여성 교사가 사망한 해에는 신주쿠구의 초등학교에서도 신임 교사가 사망공무상 재해로 인정했는데, 두 건모두 장시간 노동에, 학부형의 불합리한 클레임에 시달리고 또 교장 등 관리직의 지도와 지원이 부적절했다는 점이 그 원인이었다.

문부과학성이 2017년 4월 28일에 발표한 '2016년도 교사근무실태 조사의 집계속보치'에 의하면 학내에서 주 60시간 이상 일하는 교사의 비율이 중학교가 55.6%, 초등학교가 33.5%나 된다. 실제로는 학내에서 일하다가 자택으로 업무를 가져가는 경우도 많아서 노동

실태의 과중성은 명백하다. 문부과학성은 교사의 증원도 포함해 개선책을 제시하기 시작했는데 이 개혁의 실현을 위해서는 국민의 이해와 지지가 반드시 필요하다. 교사가 건강해야 참된 교육이 실현될 것이다. 정부, 지방자치체, 관계기관과 아울러 학부모 등 시민 측이 교사의 노동환경 개선을 위해 협력하는 것이 중요하다.

또 신문, 텔레비전 등 언론에서 일하는 사람들의 과로사와 과중노동도 없애야 한다. 2013년 7월 24일에 NHK 기자, 사도 미와佐戸未和, 당시 31세 씨가 심장성 돌연사로 사망했다. 이 해는 도쿄도 의회 의원 선거, 참의원 선거가 겹쳐서 사도 씨는 극도로 바빴고 참의원 선거 투표일로부터 3일 후에 돌연사했다. 특히 7월에는 연일 폭염이 계속돼10일 연속 33도 이상, 여론 동향 조사와 후보자 취재에 쫓겨 휴일이 거의 없었다. 유족부모의 산재 신청에, 2014년 5월 23일 시부야渋谷 노기서가 산재로 인정했다. 노기서가 인정한 시간외근로 시간은 증상 발생 전 1개월에 159시간 37분인데, 유족과 우리 대리인이 계산한 시간외근로 시간은 그것보다 훨씬 많아, 증상 발생 전 1개월에 209시간 37분, 증상 발생 전 2개월 188시간 4분이다.

언론계에서는 기자가 꼭두새벽부터 한밤중까지 취재에 매달리는 일이 많아 휴일 근무도 빈번하다. 보도의 중요성, 공공적 사명이라는 점이 기자의 장시간 노동을 정당화하는 이유가 되고 있지만 나는 항상 의문이 든다. 일상의 사건 보도에서 타사보다 조금 더 빨리 보도하는 것이 그렇게도 공익성이 높은 일인가. 또 선거 보도에서 1초라도 빨리 '당선 확실'을 알리는 것이 그렇게도 공익성이 높은 것인가. 기자의 야간근로나 휴일근로를 방치하고, 지면이나 텔레비전 화면에서 사회에 일과 삶의 균형을 호소한들 아무리 해도 설득력은 부족하다. 사도 씨의 안타까운 죽음을 통절하게 받아들여 직장의 개혁을 실현해야만 한다.

어떤 일이라도 공공적인 역할이 있고 공익성은 존재한다. 이 공익성을 이유로 과로사를 정당화해서는 안 된다. 공익성이 강해 보이는 업무라도 그 업무를 맡은 사람의 생명을 담보로 해서까지 과잉 서비스를 시민에게 제공할 필요는 없다. 오히려 공익성을 강조하려면 그것을 맡은 노동자가 건강하고 활기차게 일할 수 있는 환경을 만들어내야만 한다.

과로사 없는 사회를

2014년 6월 20일 과로사 방지법_{과로사 등 방지 대책 추진법}이 성립하고 동년 11월 1일에 시행됐다. 과로사 가족이 중심이 되고, 변호사를 포함해 광범위한 사람들이 지원과 협력해 50만 명을 넘는 서명 활동, 전국 100건을 넘는 지방의회 결의, 국회의원회관 내에서의 약 10회 이르는 원내 집회 개최, 100명을 넘는 초당파의원연맹에 소속한 국회의원들의 활동으로 성립한 의원입법이다.

다음 해 2015년 7월에는 '과로사 방지 대강_{과로사 등의 방지를 위한 대책에 관한 대강}'이 각료회의에서 결정되고, 2016년 10월에는 제1회 '과로사방지백서_{과로사 등 방지대책백서}도 발표됐다. 2014년 이후 매년 11월에 과로사 방지를 위해 계발 집회·심포지엄이 전국 각지에서 실시되고, 2016년 이후는 중학교, 고교, 대학에서 출장 강의가 변호사·유가족 등에 의해 열리고 있다.

관계자·관계기관의 노력으로 확실히 최근 수년 동안 과로사를 없애자는 시도가 다양한 형태로 새로이 실천되고는 있다. 기업 내에서 개혁의 움직임도 있다.

작년2016년 10월 7일, 미쓰리 씨의 산재 인정 공표가 이러한 시도를 크게 촉진했다는 것은 분명한 사실이다.

한편에서는 이러한 흐름과 역행하는 움직임이 나오고 있는 것도 사실이다. 정부는 '일하는 방식의 개혁'의 일환으로 '고도 프로페셔널' 제도를 창설하고, 일부 노동자에 대해 노기법의 근무시간·휴일의 규제를 일절 적용하지 않는 방향으로 법제화를 추진하려고 한다. 또 기획업무형 재량근무제의 적용 대상 노동자를 크게 확대하고 사실상 거의 모든 영업직에 근무시간 규제 철폐를 지향하고 있다. 또 장시간 노동의 규제에 대해서도 현재 정부안에서는 사실상, 월 80~100시간의 시간외근로를 용인하고, 거기에다 건설업·운송업·의사 등에 대해서는 이 규제도 5년간이나 유예한다는 방침이다.

원래 일본 장시간 노동의 뿌리는 깊어서 간단히 해결할 수 있는 과제는 아니다. 그러나 근무시간 규제를 완화하거나, 현재 상태의 장시간 노동을 추인하는 것은 과로사를 없애기 위한 개혁과는 상반된 것이다.

안타깝기 그지없는 희생이 지금도 일어나고 있다.

과로사 없는 사회를 실현하기 위해 기업, 정부, 노동조합, 그리고 모든 노동자, 국민 여러분이 힘써주시기를 호소해 마지않는다.

우리 모녀의 이름이 이런 형태로 일본에 알려지는 것은 우리의 바람이 아니었습니다.

우리 모녀는 평범한 생활과 평범한 행복을 바랐습니다.

저는 마쓰리와 둘이서 행복하기를 원했습니다.

제게 매번 발언할 기회가 주어지는 것은 저의 힘이 아닙니다. 마쓰리의 힘이고, 가와히토 변호사님의 힘이며, 세상 사람들의 힘이라고 생각합니다.

생활인, 노동자, 과로사 유족의 대변자가 되는 것이라면 앞으로도 미력하지만 발언하겠습니다.

2017년 10월

다카하시 유키미

2016년 10월 7일, 마쓰리 씨의 산재 인정을 공표하는 기자회견을 한 지 1년이 지났습니다. 이후 1년 동안 매우 분주한 나날을 보내다 보니 좀처럼 출판 준비에 시간을 내지 못했습니다. 이번에 마쓰리 씨의 24년 생애를 기록하고, 왜 그녀가 죽었는지를 명확하게 밝혀서, 과로사 제로를 위한 결의를 새로이 다지는 책을 출판할 수 있었습니다.

최근 1년 동안 유족과 저희의 활동에 전국에 계신 여러분이 많은 격려와 지지의 말씀을 보내주셨습니다. 이 지면을 빌려 깊이 감사의 인사를 드립니다.

마지막으로 과로사 없는 사회 실현을 계속 호소하고 있는 다카하시 유키미 씨와 그런 어머니를 힘껏 지원해 주는 마쓰리 씨의 동생분에게 진심으로 경의를 표합니다. 출판에 최선을 다해준 렌고출판 야오八尾 사장님과 관계자 모든 분에게 고마운 마음을 전합니다.

2017년 10월
가와히토 히로시

권말 자료 - 다카하시 마쓰리 씨의 연보

연월일		
1991년	11월 28일	다카하시 마쓰리 씨 태어남
2004년	4월	사립 가토학원 교슈중학교 입학
2007년	4월	사립 가토학원 교슈고등학교 입학
2010년	4월	도쿄대학교 문과 Ⅲ류 입학
2012년	9월	베이징의 청화대학에 중국 정부의 장학생으로 유학
2015년	3월	도쿄대학교 문학부 철학과 졸업
	4월	주식회사 덴쓰 입사
	5월	다이렉트 마케팅 비즈니스국(DMB국) 배속
	6월	디지털 어카운트부 배속
	10월	정식 채용
	10월~12월	장시간 노동이 계속되어 심신의 건강을 해침
	12월 25일	사망
2016년	2월	다카하시 유키미 씨의 의뢰로 가와히토 히로시 변호사가 대리인에 취임
	4월 13일	미타 노기서에 산재 신청
	9월 30일	미타 노기서가 산재 인정
	10월 7일	기자 회견하고 산재 인정을 공표
	10월 14일	도쿄 노동국이 덴쓰 본사 현장 조사 실시
	11월 7일	도쿄 노동국이 형사 수사
	12월 28일	서류송청, 이시이 사장 인책 사임
2017년	1월 20일	덴쓰와 유족이 합의서 체결
	4월 12일	가와히토 히로시 변호사가 덴쓰 연수회에서 강연
	7월 5일	도쿄구검찰청, 덴쓰를 노동기준법 위반으로 약식기소
	7월 12일	도쿄 간이재판소, 공판 개최를 결정
	9월 22일	제1회 형사 공판
	10월 6일	형사사건 유죄판결

다카하시 유키미

2016년 12월 25일

마쓰리의 기일을 맞았습니다.

2015년 12월 25일, 크리스마스 불빛으로 반짝거리던 도쿄의 거리를 달려 경찰서로 가고 있었습니다. 거짓말이라면 좋겠다고 생각하면서……. 그 전날까지는 사랑하는 딸이 살고 있고 제가 무척 좋아하는 도쿄였습니다.

그날부터 저의 시간은 멈춰서 미래도 희망도 잃어버렸습니다. 숨을 쉬는 것도 고통스러운 나날이었습니다. 아침에 눈을 뜨면 이게 다 꿈이라면 좋겠다고, 지금도 그런 생각을 합니다.

마쓰리는 그날 얼마나 고통스러웠을까, 인생의 마지막 수개월이 얼마나 괴로웠을까.

마쓰리는 쭉 애써왔습니다. 입사 지원서 자기 소개란에 '역경에 대한 스트레스에 강하다'고 쓰여 있었습니다. 자기가 어려운 처지에 놓여도 절망하지 않고 체념하지 않고 살아왔기 때문입니다. 10살 때에 중학교 입시를 자기 스스로 결정했을 때부터 꿈을 향해 계속 노력해 왔습니다.

평범한 저는 딸을 도울 수 있는 일이 적어 주위의 많은 사람들이 딸을 응원해 주었습니다. 딸은 지역 격차, 교육 격차, 소득 격차로 말미암아 때로는 기가 죽는 듯하면서도 계속 노력하여 대학을 졸업하고 취직했습니다.

덴쓰에 들어가서도 기대에 어긋나지 않으려고 쉬지 않고 계속 일을 했다고 생각합니다. 그러다가 정상적인 판단을 할 수 없을 정도로 막다른 지경까지 몰린 것입니다. 그때 제가 회사를 그만두라고 좀 더 강하게 말했어야 합니다. 엄마면서 왜 딸을 돕지 못했는지 가슴을 치며 후회할 뿐입니다.

제가 진실로 바라는 것은 딸이 살아 있어 주는 것입니다.

마쓰리의 죽음으로 세상이 크게 달라지고 있습니다. 마쓰리의 죽음이 일본의 '일하는 방식'을 바꾸는 일에 영향을 미치고 있다면, 마쓰리의 24년의 생애가 일본을 뒤흔들고 있다면, 그것은 마쓰리의 힘일 것입니다. 그렇더라도 마쓰리는 살아서 사회에 공헌할 수 있는 일을 하고 싶어 했었습니다. 그런 생각을 하면 슬프고 분해서 안 됩니다.

사람은 자기와 가족의 행복을 위해 일한다고 생각합니다. 일 때문에 불행해지거나 목숨을 잃는 일은 절대로 있어서는 안 됩니다.

마쓰리는 날마다 밤늦게까지 모두가 일하고 있는 직장의 이상한 현상을 두고 "회사의 야간근로가 도쿄의 야경을 만들고 있다."고 했었습니다. 마쓰리의 죽음은 장시간 노동이 원인이라고 인정된 후에야 회사는 밤 10시 이후에 소등을 하고 있다고 하는데, 결코 보여주기식이 아니라 진정한 개혁, 노동환경의 개혁을 실행해 주었으면 좋겠습니다.

제도의 형태를 만들어도 사람의 마음이 변하지 않으면 개혁은 실행될 수 없습니다.

회사의 임원과 관리직 여러분은 마쓰리의 죽음에 대해서 진심으로 반성하고 두 번 다시 희생자가 나오지 않도록 결의해 주시기를 바랍니다.

그리고 전 사원이 구습에 얽매이지 말고 일하는 방식을 개선해 주었으면 싶습니다.

일본에서 일하는 사람 모두의 의식이 바뀌기를 바랍니다.

이상

신입생 선서(고등학교 입학식에서)

'청춘의 사전에는 실패라는 말은 없다.'라는 말이 있습니다.

청춘 시대, 만약 어떤 시도가 성공하지 못했다고 해도 그것은 한 걸음 앞으로 나아가기 위한 단계이지 실패가 아닙니다. 이는 바로 새로운 일보를 내디딘 우리에게 하는 말이 아니겠습니까.

남이 정해 주는 것이 아니고 스스로가 목표를 정하는 것, 그리고 그것을 달성하는 것은 쉬운 일이 아닙니다. 목표를 향해 끊임없이 노력해야 합니다. 그러나 차곡차곡 쌓아 올린 노력도 사소한 방심이나 부주의로 쉽게 무너지고 맙니다. 또 때로는 노력이 형태를 갖춘 결과로 나타나지 않을 때도 있고, 잘 안 될 때도 있을 것입니다. 도전하는 만큼 좌절하는 횟수가 늘지도 모릅니다. 그러나 결과가 두려워서 아무것도 하지 않으면 실패가 없는 대신에 성공도 없는 것입니다.

지금 우리에게는 실패가 없습니다. 몇 번이라도 다시 할 수 있기 때문입니다. 어려움을 극복할수록 더욱 커가는 자신을 발견할 수 있을 것입니다.

오늘 입학을 허가받은 우리들 신입생 일동은 지금부터 교슈고등학교의 학생으로서 3년 동안, 스스로 목표를 달성하기 위해 강한 의지와 열정을 지켜갈 것을 선서합니다.

2007년 4월 9일 신입생 대표 다카하시 마쓰리

사립 가토학원 교슈 고등학교

2학년 다카하시 마쓰리, 16세, 여

Takahashi Matsuri

Katoh Gakuen Gyoshu Senior High School

'Mottainai' and I

I have always said 'mottainai' when I throw something away, wash dishes with the water running, or leave food at a restaurant. Sometimes people say "You are cheap!" or "Why don't you use more water?" But I do not think so. 'Mottainai' is a positive idea of ecoactivity and it has already become an international word, too. I think to have in mind the slogan 'mottainai' and to bring it into practice is important.

When I was eleven years old, we studied ecology at school. We learned the importance of protecting the earth, especially the forests. One day, at lunchtime, I found a paper spoon unnecessary. Although we ate our school lunch with chopsticks or spoons, we used paper spoons as dessert spoons. I thought we may be able to do without the paper spoons. Then I said to the class, "Don't you think using the paper spoons is 'mottainai'? Let's stop using them!" Some of my classmates agreed with me, but others objected to my idea and said " How cheap! I do not want to eat my meal and dessert with the same spoon." After that, some people who agreed with me stopped using the paper spoons, and gathered them in a can. Our teacher cooperated with us. At first, half the class joined me, but a few months later, the whole class put their paper spoons in the can. I was so happy. However, I noticed a fundamental problem. There was no point in gathering the paper spoons. We had to do more, so we asked our teachers not to provide the paper spoons in our class. As a result, we could save about 500 paper spoons a year. We were delighted because we thought our action saved resources. I learned how important it was to put into practice what we had learned about the idea of 'mottainai'. And I also learned my actions can change others' behavior.

That is how 'mottainai and I' all started. Since then I have done the '3R's - reduce, reuse and recycle – with my family. It is natural for my family to do them. However, before environmental problems lately attracted considerable attention, 'mottainai' did not have such a good image. Perhaps some still think it means cheap and troublesome. However, 'mottainai' has now luckily become an international word that means not to be wasteful and be thankful for everything. This word was made well known in speech by Wangari Muta Maathai who won a Nobel Prize for peace. Her actions changed the world and the Japanese mind too.

Increasingly, the meaning of 'mottainai' is changing for the better. It is not the idea of being "cheap". It is a way of thinking that makes our life more economical and environmentally-friendly. The most important thing is to put 'mottainai' into action. It is not difficult. It is so easy that an 11-years-old girl could do it. I desire all the world to have the Japanese spirit of 'mottainai'. If someone still says that I am a cheapskate, I will be a cheapskate with pleasure.

덴쓰와의 합의서 (제1~제5의 전문)

'갑'이라 함은 ㈜덴쓰, '을'이라 함은 다카하시 유키미 씨, '재해자'라 함은 고 다카하시 마쓰리 씨를 가리킵니다.

제1(첫머리)

먼저, 전도유망한 젊은이였던 고 다카하시 마쓰리 씨가 희망을 가지고 갑에 입사하였으나, 과중한 업무로 의한 과로·스트레스가 원인이 되어 스스로 목숨을 끊는 사태가 발생한 것에 대해 갑은 깊은 사죄와 함께 금후의 재발 방지를 포함한 모든 면에서 개선하겠다는 결의를 표명한다.

이러한 결의를 토대로 갑은 두 번 다시 이런 사태를 초래하지 않도록 아래에 정하는 재발 방지책을, 을의 의향도 받아들여 스스로 진지하게 검토하고 실행할 것을 약속함과 더불어 을은 갑의 이러한 검토에 대해서 이해를 나타내고 재발 방지책이 실제로 실행되는 것을 기대하며 이것을 주시한다.

또한 본 합의서 조인 시에 갑 대표이사 사장이 동석하여 을에게 사죄했다.

제2(관계자의 처분)

갑은 을에게 상사 등 본건 관련자를 사내 규정에 근거하여 적절하게 처분, 조치할 것을 약속한다.

제3(재발 방지 조치)

갑은 을에게 재발 방지를 위해 아래의 조치를 강구할 것을 약속하고, 을은 갑이 주체적으로 아래의 조치를 강구하는 것에 대하여 이해를 나타냄과 더불어 그 실행이 이루어지는 것을 기대하고 주시한다.

① 근본적인 재발 방지책을 책정할 때까지 당분간, 원칙적으로 오후 10시부터 다음날 오전 5시까지의 심야 시간대에는 사옥을 모두 소등하고, 사원에게는 심야 시간이 되기 전에 귀가하도록 촉구해야 하며, 이것을 보충하기 위하여 동 시간대에 사원의 자택이나 사옥 밖으로 일을 가지고 가는 연장근로도 원칙적으로 금지한다.

② 종업원의 실질 노동시간을 정확하고 적정하게 기록하고, 실제 노동시간과 다른 시간이 취업 시간으로 기록되지 않도록 철저하게 하며, 종업원의 플랩 게이트 통과 기록을 신속히 상사, 인사 담당자, 안전 위생 부문 담당자가 파악할 것.

③ 종업원이 사옥 내에 남아 있는 경우에 대해서, 자기 개발이나 사적인 정보 수집을 이유로 사사롭게 회사에 남아 있는 것을 원칙적으로 금지할 것. 또한 사옥 내에서 음식물 섭취, 동아리 활동, 조합 활동 등 업무 외 활동이 명백한 경우에는 사전에 상사에게 신청하여 승인된 건만 예외로 사옥 내에 남을 수 있도록 운용할 것. 또 사사로이 사옥 내에 있는 경우에 대해서는 적정한 운용이 이루어지고 있는지 직속 상사 이외에도 사후에 국장급에 의한 확인 및 필요에 따라 노동조합이 실태 조사

도 실시해야 한다.

④ 부나 국의 각종 연수, 간친회, 반성회 등의 준비 및 출석 등의 명목으로, 실제 업무로 간주되는 일 때문에 부담이 가중되는 일이 발생하지 않도록 철저히 관리할 것.

⑤ 1개월의 실질 노동시간을 감소시키기 위해 노동조합 등과 협의한 다음에 36협정의 연장근로 상한을 감소하도록 힘쓸 것.

⑥ 2016년 11월 1일부터 근본적인 재발 방지책을 책정할 때까지 당분간, 월간 소정 시간 외 65시간(법정 시간 외 45시간), 특별 조항 적용 시에도 소정 시간 외 95시간(법정 시간 외 75시간) 이내로 업무 명령을 할 것을 엄중히 실시해야 하고, 신고 시간도 플랩 게이트 통과 시간과 차이가 30분 이상 나는 경우에는 사옥 내에 머문 이유를 조사해야 한다.

⑦ 복수 달 연속해서 협정 상한 시간 부근에 근무 등록이 되어 있는 사원에 대해서는 개별적으로 근무 실태를 파악해서 적정한 등록인지 확인한다.

⑧ 학교를 갓 졸업하고 입사한 신입 사원은 입사 후 1년 동안에는 심신에 부하가 걸리는 것을 감안하여 특별 조항의 신청을 '불가'로 하고, 소정 외 65시간(법정 외 45시간) 이내를 연장근로로 한다.

⑨ 건강관리센터를 유효하게 기능시키기 위하여 산업의를 포함하는 정신 건강 전문가를 상주·증원하고 진료 체제를 충실하게 한다.

⑩ 종업원이 건강을 해칠 염려가 있는 경우에는 업무 부담 개선

을 신속하게 실시할 수 있도록 체제를 구축한다.

⑪ 건강진단의 경우 의사 진찰의 중요성을 인식하고 의사의 문진 결과와 소견이 종업원의 건강을 지키는데 적절히 반영되도록 힘쓴다.

⑫ 신입 사원을 포함하는 종업원 전원에게 1년에 한 번 이상 정기적으로 정신 건강에 관한 정기 건강진단 등을 실시한다. 더욱이 신입 사원은 입사 후 1년 이내에 다시 한번 추가로 시행한다.

⑬ 괴롭힘 예방에 대해서는 현재 시행하고 있는 아래 대책의 취지·내용을 충분히 이해하고 상담 내용을 기록하며, 공유 방법에 대해 적절한 운용이 새로 이루어지도록 사원에게 두루 알려서 일깨우는 방안을 마련하고, 동 예방 시책은 앞으로도 계속 운용한다.

* 괴롭힘 방지를 위한 방안을 마련한 문서를 사내 인트라넷을 통해 전 사원에게 알릴 것.

* 신임 관리자와 중도 채용자에 대한 연수 시행.

* 신입 사원에게 상담 창구에 대해 주지시키고, 괴롭힘 대처에 관한 연수 시행.

* 신입 사원 입사 전의 리더, 서브 리더직에 대한 연수 시행.

* 가이드북 「스톱! 허래스먼트」를 통하여 괴롭힘 방지에 관한 사항을 두루 알리고 일깨울 것.

* 도급 사원, 계약직 사원, 사무 스텝에게 두루 알리고 일깨울 것.

* 괴롭힘 상담 창구 이용에 관하여 철저히 알릴 것.

* 개별 국과 그룹 회사에서의 사내 연수 개최.

⑭ 임원과 관리직을 비롯하여 직원 전원에 대해 일상적인 정신 건강에 관한 연수와 교육을 실시한다.

⑮ 종업원 전원에 대해 이후 적정한 근무 등록 및 승인의 이해 촉진을 위한 DVD를 만들고 계속 일깨운다.

⑯ '덴쓰 귀신 10칙'을 사용하여 과도한 정신주의를 강조하는 듯한 노무관리, 신입 사원 연수를 하지 않는다.

⑰ 앞으로 장시간 노동과 야간근로를 삭감하기 위한 업무 진행 방법과 수주 방법에 관해서는 '사내 제언팀'을 발족시켜 일하는 방식 개혁에 관한 의견을 집약한 후에 구체적인 대응책을 책정한다.

⑱ 갑은, 광고업계의 선두 회사로서 업계 전체에 뿌리박힌 장시간 노동 관행을 시정하기 위해 대책을 강구하고 추진한다.

제4(본건에 관한 사후 조치)

갑은, 을에게 아래의 조치를 강구할 것을 약속한다.

① 재해자가 업무상의 과로·스트레스가 원인이 되어 사망한 것에 대하여 산재 인정을 받은 사실 및 본 합의에 이른 사실을 사내 홍보 수단을 이용하여 본 합의서 체결 후 신속하게 사내 전 종업원에게 알린다.

② 변호사 가와히토 히로시를 강사로(을 본인 다카하시 유키미 씨도 발언할 시간을 마련한다)하여, 본건 합의 체결 후 3개월 이내에 임원을 포함하여 국장 이상의 관리직이 수강하는 연

수회를 실시하고 안전 배려 의무를 이행하기 위한 사내 교육을 철저히 한다. 또한 이 연수회가 종료된 후에도 을로부터 같은 연수 시행에 관하여 요청이 있는 경우 갑은 그 실시에 관하여 을과 성실하게 협의한다.

제5(시행 상황의 보고)

갑은 을 또는 을의 대리인에게 제3 (재발 방지 조치) 및 제4 (본건에 관한 사후 조치)의 시행 상황에 대해서 매년 12월 1일까지 보고해야 한다.

또 적절한 시점에 을의 요구에 따라 중간보고를 해야 한다.

※ 보론

한국의 과로사와 과로사 추방 운동

임상혁

과로사예방센터 이사장

1. 한국의 노동시간

노동자가 생계를 유지하기 위한 근로시간, 인간다운 삶을 살기 위한 여가시간, 하루의 피로를 풀고 보람찬 내일을 준비하기 위한 수면과 휴식의 시간, 이 모두는 인간이 살아가는 데 반드시 필요한 조건이다.

한국 노동자의 연간 근로시간은 2009년 2,074시간으로 2008년의 2,256시간보다 감소하였다. 이후도 점차 감소하여 2014년에는 2,057시간이었다. [표 1]에서 보는 바와 같이 우리나라의 근로시간은 1994년 이래 크게 줄어 15년 만인 2009년에는 연간 395시간, 주당 7.6시간이나 줄어들었다.

임상혁 한양대학교 의과대학을 졸업하였다. 가정의학과, 직업환경의학과 전문의이며 공학 박사이다. 현재 녹색병원 부원장으로 재직하고 있으며 '과로사예방센터' 이사장과 '발암물질 없는 사회 만들기' 공동 대표를 맡고 있다.

이와 같은 근로시간의 단축은 상당한 성과로 1989년부터 단계적인 주 44시간제 도입, 2004년부터 단계적인 주 40시간제의 도입의 효과라고 할 수 있을 것이다. 물론 그 사이 소득 수준의 향상, 각종 여가와 휴가 문화 등의 보급 등 생활 패턴이 바뀐 것도 근로시간 단축에 중요한 역할을 하였을 것이다.

한국의 근로시간은 취업자의 근로시간보다 노동자의 근로시간이 연 182시간 짧게 나오고 있다. 표에서 윗줄의 통계취업자의 근로시간는 노동자만이 아니라 취업자 전체를 기준으로 한 것이므로 근로시간이 긴 자영업자의 비중이 높은 우리나라로서는 아랫줄 통계근로자의 근로시간보다 근로시간이 길게 나오고 있다.

그러나 2011년 7월부터 5인 이상 사업장에 주 5일 근무제가 전면 적용되면서 법정 근로시간 단축 효과가 소진됨에 따라 2013년

[표 1] 연간 평균 실제 근로시간(윗줄 취업자, 아랫줄 노동자 기준)

국가	1994년	2009년
한국	2,651	2,256
	-	2,074
프랑스	1,675	1,554
	1,583	1,468
독일	1,547	1,390
	1,474	1,309
일본	1,898	1,714
	1,910	1,733
영국	1,740	1,646
	1,700	1,638
미국	1,836	1,768
	1,839	1,776

출처 : OECD, OECD Employment Outlook, 2010, Table G, p.290

이후에는 더 이상 실제 노동시간은 단축되지 않고 있다. 오히려 취업자의 연간 노동시간은 2013년 2,247시간에서 2014년 2,284시간, 2015년 2,273시간으로 증가하였고, 노동자 연간 노동시간도 2013년 2,201시간에서 2014년 2,240시간, 2015년 2,228시간으로 증가했다.

『OECD 고용전망 보고서OECD Employment Outlook 2010』에 따르면, 국가별 2009년 근로시간은 프랑스 1,468시간, 영국 1,638시간, 캐나다 1,699시간, 미국 1,776시간, 일본 1,733시간, 체코 1,879시간 등이다. 경제협력개발기구인 OECD 다른 국가에 비하여 우리나라 근로시간은 매우 길다. OECD 평균은 1,764시간이다.

한국의 노동시간은 OECD 34개 회원국 중 가장 길다. 정부가 OECD에 보고한 한국의 취업자 연간 노동시간은 2015년 2,113시간으로 회원국 중 멕시코연간 2,246시간 다음이다. 그런데 같은 기간 경제활동 인구조사에서 취업자의 연간 노동시간은 2,273시간이다. 정부 보고 자료에 의하면 한국의 노동시간이 회원국 중 2등이지만, 실제로는 1등인 셈이다.

OECD 회원국 중 취업자 노동시간이 연간 2,000시간을 넘는 나라는 한국2,273시간과 멕시코2,246시간, 그리스2,042시간 세 나라뿐이다. 한국 취업자의 연간 노동시간은 OECD 회원국 평균1,764시간보다 507시간 길고, 연간 노동시간이 가장 짧은 독일1,371시간보다는 902시간이나 길다. 쉽게 말해 우리나라 취업자는 OECD 평균보다 두 달, 미국보다 한 달, 독일보다는 넉 달 더 일하는 셈이다.[1]

---

1. 김유선, 「노동시간 실태와 단축 방안」, KLSI ISSUE PAPER, 2017. 1. 11, 1~5쪽

[그림 1] OECD 국가의 연간 노동시간 비교(2015년, 취업자 기준)

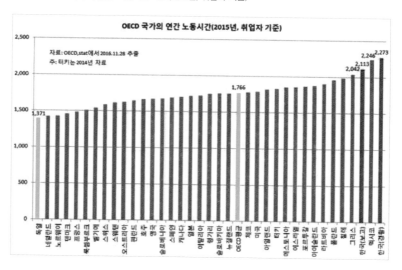

2009년도 고용 노동부의 고용형태별 근로 실태조사에 따르면 전체 노동자의 총 근로일수는 월 평균 22.5일이었고, 근로시간은 월평균 189시간이었다. 이 중에 정상 근로시간은 178.7시간이었고, 초과 근로시간은 10.3시간이었다. 총 근로일수와 근로시간이 정규직에서는 각각 23.1일과 195.7시간이었고, 비정규직에서는 각각 20.4일과 167.4시간이었다. 정상 근로시간과 초과 근로시간은 정규직에서는 각각 183.5시간과 12.2시간이었고, 비정규직에서는 4.2시간이었다.[표 2]

주 단위 초과 근로시간의 길이별로 보면 초과 근로를 하는 노동자의 74.0%가 주당 5시간 이하의 초과 근로를 하고 있다.[표 3] 그러나 주당 10시간 이상의 초과 근로를 하는 근로자들이 전체의

[표 2] 고용 형태별 총 근로일수와 총 근로시간

고용형태	2009년			
	총 근로 일수 (일)	총 근로시간 (시간)	정상 근로시간 (시간)	초과 근로시간 (시간)
전체 노동자	22.5	189.0	178.7	10.3
정규 노동자	23.1	195.7	183.5	12.2
비정규 노동자	20.4	167.4	163.2	4.2
재택/가내 노동자	19.7	160.8	159.1	1.7
파견/용역 노동자	21.2	206.7	196.6	10.1
일일 노동자	18.6	157.0	156.0	1.0
단시간 노동자	19.6	124.4	123.3	1.1
기간제 노동자	22.2	189.3	181.0	8.4
한시적 노동자	22.3	193.4	190.8	2.6

출처 : 배규식, 이상민, 권현지, 「노동시간의 유연성과 개선 방안」, 『한국노동연구원 정책연구보고서』, 2011년

15.89%나 되어 장시간 노동문제가 여전히 심각한 수준임을 알 수 있다.

산업별로 보면, 제조업 가운데서도 자동차와 기타 운송 장비 제조업이 주 11.91시간으로 초과 근로가 가장 길었다. 서비스업에서는 운수 업종의 초과 근로가 가장 길었고, 음식숙박업, 부동산 임대업에서 장시간 노동이 많았다.

[표 3] 주당 초과 근로시간 분포(2009년)

평균(시간)	5시간 이하	6~10시간	11~15시간	16~18시간	18시간 이상
4.27	74.0%	10.11%	6.77%	2.70%	6.42%

출처 : 배규식, 이상민, 권현지, 「노동시간의 유연성과 개선 방안」, 『한국노동연구원 정책연구보고서』, 2011년

2. 한국의 교대 근무 현황

2014년 근로환경 조사 결과 교대 근무를 하는 비율은 2006년의 7.2%, 2010년 8.2%에 비해 8.5%로 증가한 것으로 나타났으며 여성의 6.6%에 비해 남성이 9.9%로 교대 근무를 하는 경우가 더 많은 것으로 나타났다. 연령에 따라서는 15~19세가 교대 근무를 하는 경우가 18.0%로 가장 많았으며 30대가 6.9%로 가장 낮았다. 피고용자(임금 노동자)의 10.8%가 교대 근무를 하는 경우가 가장 많았고 고용원이 없는 자영업자가 교대 근무를 하는 비율이 1.2%로 가장 적었다.

장치, 기계 조작 및 조립 종사자가 교대 근무를 하는 비율이 가장 높아서 20.2%가 해당하였으며 업종에 따라서는 광업, 운수업, 사업시설관리 사업지원업, 예술 스포츠 여가업이 교대 근무를 하는 경우가 많은 업종으로 나타났다.

교대 근무의 형태로 가장 흔한 것은 규칙적 2교대로 38.4%였으며, 다음이 규칙적 3교대로 23.1%, 24시간 격일 근무는 13.4%였다. 교대 근무 형태에 있어서 성별 차이가 가장 크게 나는 경우는 24시간 격일 근무로 남성 교대 근무자의 17.6%가 이러한 교대 근무를 하고 있는 반면에 여성에서는 3.8%만이 해당하였고 불규칙 교대 근무는 반대로 남성에서 1.7%였으나 여성에서는 6.3%로 상대적으로 높게 나타났다.

연령에 따라서는 60세 이상에서는 절반 이상이 24시간 격일 근무를 하고 있는 것으로 나타났다. 농림어업 숙련 종사자와 관리

자는 상대적으로 평일 분할 교대 근무를 하는 경우가 많아 각각 52.4%와 16.0%였다. 군인은 불규칙 2교대가 가장 많아서 34.0% 였다.

인간의 신체뿐만 아니라 우리가 몸담고 있는 대부분의 삶이 낮과 밤 하루를 주기로 하므로 그 주기를 거스르는 교대 근무는 노동자들의 건강에 치명적일 수밖에 없다. 건강 문제는 노동자들이 교대 근무를 포기하는 가장 흔한 원인 중 하나이다. 육체적 건강에만 한정시키지 않고 정신적, 사회적 건강까지 확대시켰을 때 문제는 더욱 분명하고 심각해진다.

교대 근무가 노동자들의 건강에 악영향을 미치는 것이 상식적으로나 이론적으로나 분명함에도 불구하고 연구를 통해 이를 밝히기란 쉽지 않다. 이는 실제 교대 근무에 적합하지 않은 노동자들은 교대 근무를 애초에 하지 않거나 하더라도 쉽게 그만두는 경향이 있기 때문이다. 또한 교대 근무뿐만 아니라 장시간 노동, 노동 강도, 직무 스트레스, 작업환경 등이 복합적으로 작용하여 노동자들의 건강을 위협하기 때문이다. 한국은 교대 노동자 대부분이 장시간 노동을 하고 있다.

3. 한국의 과로사, 과로 자살 산재 인정 현황

2014년 통계청의 '사망원인통계'에 따르면 한국인들의 사망 원인 제2위 심장질환와 제3위 뇌혈관질환를 차지하고 있으며 '정신장애'가

원인일 수 있는 자살 역시 그 다음인 4위이다.2, 30대 사망 원인 1위는 자살이고 10대, 4, 50대 사망 원인 2위가 자살이다. 이는 한국인들이 다른 나라보다 장시간 노동을 하고 있는 것과 무관하지 않아 보인다.

2013년 한 국회의원이 1995년부터 2013년 6월까지의 과로사 산업재해 실태를 분석한 결과에 따르면 과로사 산재 신청 건수는 1만 3,088건이며, 이중 산재로 승인된 건수는 7,578건으로 57.8%이었다. 그마저도 2009년 이전에 승인된 건수가 많았기 때문에 57%대를 유지할 수 있었다.

연도별 과로사 승인율을 보면 1995년부터 2004년까지 60~70%를 유지했지만 2009년엔 승인율이 30%대까지 떨어졌고, 2011년엔 과로사 승인율이 12.9%를 기록했다. 2014년에는 20.2%이었다. 이처럼 과로사 승인율이 지속적으로 감소한 이유는 정부의 성격과 관련이 있다.

보수 정부 아래 산업재해보상보험법 개정 후 업무상 질병 인정 기준이 강화되면서 산업재해 판단 기준이 엄격해졌기 때문이다. 과로 및 스트레스 증가로 뇌-심혈관계 질환 비중이 높아지고 있는 상황에서 과로사 산업재해 승인율이 20%대인 것은 너무 낮은 수치이다.

한편 전체 과로사 산업재해 신청자 중에는 40~50대가 60%를 차지했다. 40대가 31.2%로 가장 많았으며 50대가 29.4%로 뒤를 이었다. 특히 30대 뇌심혈관계질환 사망 신청은 꾸준히 늘어 2011년 65건, 2012년 84건, 2013년 84건, 2014년 94건으로 증가 추세다. 2014년 뇌·심혈관계 질환 산업재해 승인자 수는 358명, 뇌-심혈

[표 4] 정신 질병으로 인한 자살 건수

구분 \ 연도	2005	2006	2007	2008	2009	2010	2011	2012
신청	3	6	9	7	24	22	46	52
승인	1	5	6	5	9	7	14	15
우울증	1	4	4	5	7	5	11	11
적응장애	0	1	1	0	1	1	0	2
불안장애	0	0	0	0	0	1	2	0
급성스트레스장애	0	0	0	0	0	0	1	0
기타	0	0	1	0	1	0	0	2

[표 5] 2015~17년 전체 노동재해 신청 건

	불승인	승인	일부 승인	합계	승인률(%)
자살	106	43	0	149	28.9
PTSD	20	42	15	77	74.0
적응장애	21	25	31	77	72.7
우울증	47	19	10	76	38.2
공황장애	20	1	0	21	4.8
급성스트레스장애	4	6	2	12	66.7
양극성장애	11	0	0	11	0.0
불안장애	7	2	0	9	22.2
스트레스반응	5	5	1	11	54.5
수면장애	6	0	0	6	0.0
합계	247	143	59	449	

관계 질환으로 인한 과로사, 곧 사망자 수는 318명이었다.

과로 자살의 경우, 한국에서는 공론화되지 않고 있다. 따라서 과로 자살의 실태가 어떤지, 원인이 무엇인지, 자살의 특성은 어떠한지 등등, 과로 자살과 관련된 주요 부분이 거의 알려져 있지 않다. 정신 질병으로 인한 사망 건수로서 사망 원인이 자살로 생각되는 사망에 대한 신청이 급격하게 증가하고 있다는 점에 주목할 필요가 있다. 승인이 된 경우 선행 질병은 대부분 우울증이었다.

최근의 자료에서 보면, 정신 질환과 과로 자살은 계속 증가하고 있다. [표 4]와 [표 5]를 비교해 보면, 자살이 증가하고 있고, 다양한 정신과 질병이 증가하고, 산재 인정되고 있음을 알 수 있다.

4. 과로사 예방을 위한 법 제도 변화

과거 근로기준법에 따르면 영화 제작 및 흥행업, 통신업, 교육연구 및 조사 사업, 광고업, 의료 및 위생 사업, 접객업, 소각 및 청소업, 이용업, 그밖에 공중의 편의 또는 업무의 특성상 필요한 경우로서 대통령령으로 정하는 사업 등은 근로시간 제한 규정인 12시간을 초과하여 연장 근로를 할 수 있었다. 대상자 약 450만 명이다.[2] 특례

---

2. 제59조 (근로시간 및 휴게시간의 특례)
　　다음 각 호의 어느 하나에 해당하는 사업에 대하여 사용자가 근로자 대표와 서면 합의를 한 경우에는 제53조 제1항에 따른 주(週) 12시간을 초과하여 연장 근로를 하게 하거나 제54조에 따른 휴게시간을 변경할 수 있다.
　　1. 운수업, 물품 판매 및 보관업, 금융보험업
　　2. 영화 제작 및 흥행업, 통신업, 교육연구 및 조사 사업, 광고업

업종이 아니더라도 근로기준법 제53조 3항을 쉽게 위반하고 있지만[3] 감독 기관인 노동부는 노동시간에 관하여 감독을 하지 않고 있어 유명무실한 법이었다.

또한 5인 미만 사업장은 노동시간과 관련된 근로기준법에 적용을 받지 않아 장시간 노동에 무방비로 노출되어 있었다. 또한 노동부 행정 해석에 따라 연장근로는 12시간으로 제한되지만, 사용자는 추가로 휴일 근로를 시킬 수 있었다. 노동부 해석에 따라 1주의 최장 근로시간은 68시간기준 근로 40시간+연장 근로 12시간+토요일 8시간+일요일 8시간 이상으로 '합법적'으로 늘어났다.

2018년 2월 근로기준법이 보다 전향적으로 개정되어 2018년 7월부터 시행되고 있다. 개정안은 1주간 최대 노동시간이 연장 노동을 포함하여도 52시간을 넘지 못하도록 되어 있다. 과거 노동부 해석을 통한 노동시간 연장도 적용될 수 없어 온전한 주당 최고 노동시간은 52시간이다.

노동시간 특례 업종도 노선여객 자동차운송 사업을 제외한 육상운송업, 수상운송업, 항공운수업, 기타 운송관련 서비스업, 보건업으로 축소되었다. 특례 업종 대상자는 약 110만 명 정도로 추정된다.

과거 법에는 15~18세인 연소 노동자의 노동시간은 1주 40시간,

---

3. 의료 및 위생 사업, 접객업, 소각 및 청소업, 이용업
4. 그밖에 공중의 편의 또는 업무의 특성상 필요한 경우로서 대통령령으로 정하는 사업
3. 제53조 (연장 근로의 제한)
① 당사자 간에 합의하면 1주간에 12시간을 한도로 제50조의 근로시간을 연장할 수 있다.
② 당사자 간에 합의하면 1주간에 12시간을 한도로 제51조의 근로시간을 연장할 수 있고, 제52조 제2호의 정산 기간을 평균하여 1주간에 12시간을 초과하지 아니하는 범위에서 제52조의 근로시간을 연장할 수 있다.

연장 노동시간 1일 1시간, 1주 6시간, 총 46시간이었으나, 개정 법률에서는 이 연소 노동자의 노동시간은 1주 35시간, 연장 노동시간 1일 1시간, 1주 5시간, 총 40시간으로 개선되었다.

개정 법률의 시행 시기는 300인 이상 사업장 및 공공기관은 2018년 7월 1일이었다. 단, 특례 업종에서 제외된 21개 업종 중 300인 이상 사업장은 시행일을 2019년 7년 1일로 한다. 50~299인 사업장은 2020년 1월 1일, 5~49인 사업장은 2021년 7월 1일 시행될 예정이다. 단 30인 미만 사업장의 경우 노사 간 합의에 의해 2021년 7월 1일~2022년 12월 31일까지 8시간의 특별 연장 근로시간을 허용하는 것으로 되었다.

근로기준법이 보다 전향적으로 개정되었지만 이후에도 풀어야 할 많은 문제들이 남아 있다. 가장 큰 문제는 노동시간 사각지대인 5인 미만 사업장 노동자가 적용 제외된 것이다. 2016년, 5인 미만 사업장 노동자 수 557만 명으로 전체임금 노동자의 약 30%를 차지한다. 퀵서비스, 학습지 교사 등 특수고용 노동자 역시 적용 제외되어 있다. 약 250만 명 정도 추정된다.

자영업자와 농업, 어업 등에 종사하는 1차 산업 종사 노동자, 경비직 등 감시단속 노동자 역시 적용에 제외되어 있다. 또한 최저임금 노동자의 경우 주 52시간이 적용되면 임금이 삭감되므로 법적 규제에 대한 저항이 생길 것도 해결하지 못한 주요 문제이다.

2018년 뇌혈관 질환 또는 심장 질환의 업무상 질병 인정 여부 결정에 필요한 사항 역시 일부 개정되었다. 과거에는 '발병 전 12주 동안 업무시간이 1주 평균 60시간, 발병 전 4주 동안 1주 평균 64

발병 전 12주 동안 1주 평균 업무시간이 52시간을 초과하는 경우에는 업무시간이 길어질수록 업무와 발병과의 관련성이 증가하는 것으로 평가할 수 있다.

특히, 다음 각 호의 어느 하나에 해당하는 업무를 수행하는 경우(업무 부담 가중 요인)에는 업무와 발병과의 관련성이 강하다고 평가할 수 있다.

발병 전 12주 동안 업무 시간이 1주 평균 52시간을 초과하지 않는 경우라도 2항의 업무 부담 가중 요인에 복합적으로 노출되는 업무의 경우에는 업무와 발병과의 관련성이 증가한다.

① 근무 일정 예측이 어려운 업무
② 교대제 업무
③ 휴일이 부족한 업무
④ 유해한 작업환경(한랭, 온도 변화, 소음)에 노출되는 업무
⑤ 육체적 강도가 높은 업무
⑥ 시차가 큰 외국 출장이 잦은 업무
⑦ 정신적 긴장이 큰 업무

오후 10시부터 익일 6시 사이의 야간 근무의 경우에는 주간 근무의 30%를 가산(휴게 시간은 제외)하여 업무 시간을 산출한다.

시간을 초과하는 경우에는 업무와 발병과의 관련성이 강하다고 평가할 수 있다.'는 조항으로 주당 노동시간이 60시간인 경우 과로사로 인정되었는데, 바뀐 개정안은 보다 폭넓게 과로사를 인정한다.

5. 과로사예방센터 설립

장시간 노동, 교대 노동, 높은 직무 스트레스 등으로 많은 노동자들이 과로사, 과로 자살을 하고 있다. 이를 막고자 과로사예방센터 설립이 논의되었다.

1년 이상의 준비 기간, 총 18회 준비 회의, 다양한 과로사 관련 집회에 참여, 인터넷 신문 『프레시안』에 총 12회 연재물 게시, 종합 일간 신문 『서울신문』에 과로사 관련하여 총 7개의 기사 게재, SBS 방송 「그것이 알고 싶다」에 과로사의 심각성을 알리고 과로사 예방 센터를 홍보함으로 과로사 예방 센터가 설립되었다.

　　의사 30명, 노무사 30명, 변호사 10명, 기타 활동가 10명이 참가하였고, 2017년 11월 8일 서울 변호사교육문화회관에서 개소식 겸 토론회가 열렸다. 일본의 과로사방지학회를 만들고 이제는 고인이 되신 모리오카 코지森岡孝二 간사이대학 명예 교수도 참가하였다.

　　과로사 예방 센터의 설립목적은 다음과 같다.

　　첫째, 전국의 법률, 의료, 보건 및 안전 활동 분야의 네트워크를 통해 피해자를 모아 산재 신청 및 행정 소송 지원을 통해 피해자와 유족에게 실질적인 보상의 기회를 제공하려고 한다.

　　둘째, 과로사 문제를 해결하기 위해 유족회를 결성한다. 과로사 예방의 필요성을 공유하고 향후 정부의 제도를 평가하고 과로사 예방 등 법제도 개선을 만들기 위해 함께한다.

　　셋째, 과로사 예방을 위한 법의 적용이 제대로 이루어지고 있는지, 행정 당국과 기업을 감시하는 활동을 한다.

　　구체적 활동 내용은 다음과 같다.

　*산재 신청과 행정 소송, 민사 소송에 관한 무료 상담

　*유족과 피해자 모임 운영

- 과로사에 대한 학습과 토론현상과 향후의 과제, 활동 계획 등

  - 산재 신청 소송을 진행 과정에 대한 공유좋은 사례를 공유

  - 유족과 피해자에 대한 심리 치료 프로그램 운영 등

 * 정부 정책에 대한 모니터링 및 제도 개선

 * 노동자, 시민을 대상으로 홍보 활동과 연대 활동

 * 회원 확대를 통한 활동 기반 구축

 * 장시간 노동으로 근로기준법 위반 사업주 고발 등의 활동

운영위원회/이사회를 통해 주요 사업 방향 결정 및 각종 심의 의
결 사항을 처리하고 사무국에서 사업의 집행 총괄, 정보 및 사례를
정리하고, 대외 연대 업무 등을 한다. 지역별 거점을 중심으로 상담
센터를 지정하여 담당하는 변호사, 노무사 사무소 네트워크를 만들
어 운영한다.

또한 분과회를 두어 과로사예방센터 활동에 동의하는 다양한 시
민, 학생, 노동자, 전문가 등이 참여하는 워크숍을 기획하고 운영한
다. 많은 이들의 지지와 성원을 기대한다.